राजस्थान के प्रमुख अभिलेखागार

डॉ. मोहनलाल गुप्ता

शुभदा प्रकाशन, जोधपुर

प्रकाशक

शुभदा प्रकाशन

प्रकाशक एवं वितरक

63, सरदार क्लब योजना
वायुसेना क्षेत्र, जोधपुर, राजस्थान
भारत, पिन- 342 011

Cellphone	:	94140 76061
E-mail	:	shubhada.prakashan.jodhpur@gmail.com
Website	:	www.rajasthanhistory.com
Google App	:	Rajasthan History Shubhda Prakashan
Youtube Channel	:	Glimpse of Indian history by Dr. Mohanlal Gupta

ISBN : 978-81-937985-6-0

पहला पैपरबैक संस्करण : 2019

मूल्य : दो सौ चालीस रुपये मात्र (240.00)

शुभदा प्रकाशन, जोधपुर के लिए ट्राइडेण्ट एण्टरप्राइजेज, नोएडा द्वारा मुद्रित।

Rajasthan Ke Pramukh Abhilekhagar

Author : Dr. Mohanlal Gupta ✯ 94140 76061
Publisher : Shubhda Prakashan, Jodhpur
First Edition : 2019 ✯ **Price :** Rs. 240.00

अनुक्रमणिका

भूमिका

मनुष्य ने जब से लिखने की कला का आविष्कार किया है, उसने लकड़ी की तख्तियों, पत्थर की शिलाओं, पहाड़ों की कंदराओं, वृक्षों की छालों, कपड़ों, पशुओं के चमड़ों, मिट्टी की मुद्राओं, ईंटों, धातु के सिक्कों, ताम्बे की प्लेटों, भोजपत्रों तथा कागजों पर सूचनाओं को अंकित करने का काम जारी रखा है। इसमें से बहुत सी सामग्री संरक्षण के अभाव में एवं स्वाभाविक प्रक्रिया के तहत नष्ट हो जाती है। बहुत कम सामग्री ऐसी भी होती है जो शासकों, पुजारियों, भाटों, विशिष्ट व्यक्तियों एवं धनी परिवारों आदि द्वारा अलग-अलग कारणों से संजोकर रखी जाती है।

भारत में सबसे प्राचीन लेख सिंधु सभ्यता के हैं जिन्हें लिपि की जटिलता के कारण अब तक पढ़ा नहीं गया है। ये लेख प्राय: मिट्टी की मुद्राओं एवं मिट्टी के बर्तनों पर अंकित हैं। जब प्राचीन भारतीय आर्य राजा किसी बड़े यज्ञ, समारोह या दान-पुण्य का आयोजन करते थे या किसी शत्रु पर विजय प्राप्त करते थे तो उस घटना की स्मृति में शिलालेख खुदवाते थे अथवा सोने-चांदी के सिक्के जारी करते थे या देव प्रतिमाओं के नीचे प्रमुख सूचनाएं अंकित करवाते थे।

भारतीय राजा जब किसी ब्राह्मण या मंदिर को भूमि आदि का दान देते थे तो उसका अधिकार पत्र प्राय: ताम्बे की प्लेट पर अंकित करवाकर उस पर राजकीय चिह्न अंकित करवाते थे।

मुगल बादशाहों ने शासकीय आदेश प्राय: लिखित दस्तावेजों के रूप में जारी किए। उनके अनुकरण में हिन्दू राजाओं में भी यह परम्परा आरम्भ हुई। मराठों ने जब देश-व्यापी युद्ध अभियान चलाए तो उन्होंने भी लिखित आदेश-पत्रों, संधि-पत्रों, नियुक्ति-पत्रों एवं अन्य प्रकार के दस्तावेजों का सहारा लिया।

अंग्रेजों ने ईस्ट इण्डिया कम्पनी के समय से ही व्यापारिक गतिविधियों के लिए देश के विभिन्न राजाओं, नवाबों, सेठ-साहूकारों एवं प्रमुख व्यक्तियों के साथ लिखित पत्राचार किए। ईस्ट इण्डिया कम्पनी तथा ब्रिटिश क्राउन के अधीन अंग्रेजों की शासन पद्धति मौखिक न रहकर पूर्णत: लिखित रही। ख्यातिनाम एवं बड़े सेठ-साहूकार, दुकानदार तथा बैंकर भी अपनी बहियों, रोजनामचों, खरीतों, हुण्डियों एवं पत्रों के माध्यम से व्यापारिक सूचनाओं का रख-रखाव एवं लेन-देन करते थे।

इस प्रकार देश में विभिन्न प्रकार के दस्तावेजों का बहुत बड़ा संग्रह तैयार होता चला गया। अंग्रेजों के समय देश में इन विभिन्न प्रकार के दस्तावेजों को अभिलेखागारों में संजोने की परम्परा आरम्भ हुई। भारत की आजादी के समय शायद ही ऐसी कोई बड़ी रियासत, ठिकाना, व्यापारिक

प्रतिष्ठान, शासकीय कार्यालय, गुरुकुल या विश्वविद्यालय था जहाँ बड़ी संख्या में पोथियां, बहियां, रुक्के, परवाने, चिट्ठियां, शासकीय आदेश आदि की पत्रावलियां आदि मौजूद न हों।

इन समस्त दस्तावेजों को भारत के वास्तविक इतिहास का निर्माण करने के लिए प्रमुख सामग्री के रूप में देखा गया। अत: आजादी के बाद देश में राजकीय अभिलेखागारों की स्थापना हुई तथा बड़ी संख्या में निजी अभिलेखागार भी अस्तित्व में बने रहे।

प्रस्तुत पुस्तक में राजस्थान के कतिपय प्रमुख अभिलेखागारों में संजोई गई सामग्री का परिचय दिया गया है। अभिलेखागारों का भ्रमण एवं अवलोकन प्राय: शोधार्थियों द्वारा किया जाता है। विश्व के बहुत से देशों के विद्यार्थी प्रतिवर्ष भारत आते हैं। वे विश्व के प्राकृतिक इतिहास, कला एवं संस्कृति के विविध पक्षों पर शोध करते हैं। भारत के अनेक राज्यों के विद्यार्थी भी प्रतिवर्ष राजस्थान के अनेक अभिलेखागारों का भ्रमण करते हैं तथा यहाँ कई दिन रुककर अध्ययन एवं शोधकार्य करते हैं। जहाँ राज्य के प्राच्य विद्या प्रतिष्ठानों में प्राचीन पाण्डुलिपियों, चित्रमालाओं, बीजक एवं यंत्रों को संगृहीत किया गया है, वहीं राजस्थान राज्य अभिलेखागार एवं उसकी शाखाओं में रियासती दस्तावेजों, बहियों आदि को रखा गया है।

राजस्थान के ठिकाना अभिलेख विश्व भर में सबसे अनूठे हैं। उन्हें भी इस पुस्तक में समेटने का प्रयास किया गया है। साथ ही बहुत से व्यक्तियों एवं परिवारों द्वारा भी प्राचीन एवं मध्यकालीन अभिलेखों का संग्रहण किया गया है। प्रस्तुत पुस्तक में उनका भी परिचय दिया गया है।

आशा है यह पुस्तक शिक्षकों, शोधार्थियों, विद्यार्थियों, पर्यटकों एवं विभिन्न वर्गों के पाठकों के लिए उपयोगी सिद्ध होगी।

– डॉ. मोहनलाल गुप्ता
63, सरदार क्लब योजना
वायुसेना क्षेत्र जोधपुर

तारुण्य और सौंदर्य से युक्त, सुवर्णहार, तांबूल, पुष्प आदि से सुशोभित स्त्री तब तक अपने प्रियतम से मिलने नहीं जाती, जब तक कि वह दशपुर के बने पट्टमय (रेशम) वस्त्रों के जोड़े को नहीं धारण करती। इस प्रकार स्पर्श करने में कोमल, विभिन्न रंगों से चित्रित, नयनाभिराम रेशमी वस्त्रों से संपूर्ण पृथ्वी तल अलंकृत है।

–कुमारगुप्त तथा बन्धुवर्मन कालीन मालव संवत् 529
के अभिलेख में तंतुवायों (जुलाहों) के कपड़ों का विज्ञापन।

अध्याय - 1

अभिलेख एवं अभिलेखागार

सामान्यत: किसी विशेष प्रयोजन से लिखे गए लेख को अभिलेख कहा जाता है। यह सामान्य व्यावहारिक लेखों से भिन्न होता है। अभिलेख सामान्यत: शिलाखण्ड, पहाड़, गुफा की दीवार, प्रस्तर खण्ड, धातु की पट्टियों, लकड़ी एवं मिट्टी की तख्तियों, बर्तनों, महलों एवं मंदिरों की दीवारों, कागज, कपड़े, ताड़पत्र, भोजपत्र अथवा किसी अन्य धरातल पर लिखे जाते हैं। किसी अभिलेख का मूल्यांकन उसमें लिखी गई सूचना एवं उस सूचना के केन्द्रीय पात्र से किया जाता है।

भारत में लेखन कला का विकास होने से बहुत पहले ही विपुल साहित्य का निर्माण होने लगा था जिसे कण्ठस्थ करके पीढ़ी दर पीढ़ी स्थानांतरित किया जाता था। उसके बाद ताड़पत्रों एवं भोजपत्रों पर लेखन किया जाने लगा। कपड़ों पर भो ग्रंथ लिखे गए तथा पत्थर शिलाओं पर उत्कीर्ण किए गए। कागज का विकास होने के पश्चात् अधिकांश लेखन कागज पर किया जाने लगा। प्राचीन काल के साहित्य में से अब बहुत कम ही उपलब्ध है किंतु जो कुछ उपलब्ध है, उसे स्हेजना भी अत्यंत दुष्कर कार्य है। इस साहित्य से विभिन्न कालखण्डों में भारतीय समाज और संस्कृति पर विपुल प्रकाश पड़ता है। ब्राह्मण, बौद्ध और जैन धर्म के आध्यात्मिक साहित्य के

साथ-साथ साहित्यिक एवं ऐतिहासिक ग्रन्थों की भी रचना की गई जिनसे तत्कालीन समाज की गतिविधियों का ज्ञान होता है। विभिन्न पुराण कथाओं के माध्यम से सामाजिक और धार्मिक क्रियाएं अभिव्यक्त की गईं तथा परम्पराओं को सुरक्षित रखा गया।

अभिलेखों के प्रकार

प्राचीन काल से लेकर आधुनिक काल तक उपलब्ध अभिलेखों का वर्गीकरण निम्नलिखित प्रकार से किया जा सकता है- (1.) धार्मिक और कर्मकांडीय, (2.) आभिचारिक (जादू टोना से सम्बद्ध), (3.) उपदेशात्मक अथवा नैतिक, (4.) समर्पण तथा चढ़ावा सम्बन्धी, (5.) दान सम्बन्धी, (6.) प्रशासकीय, (7.) प्रशस्तिपरक, (8.) स्मारक, (9.) साहित्यिक, (10.) व्यापारिक तथा व्यावहारिक।

धार्मिक और कर्मकाण्डीय अभिलेख

सम्पूर्ण भारत वर्ष में प्राचीन काल से ही धार्मिक एवं कर्मकाण्डीय अभिलेखीय सामग्री प्राप्त होती है। सबसे प्राचीन सामग्री पंचमहायज्ञों से सम्बन्धित है। भारतीय वैदिक संस्कृति में जिन पंचमहायज्ञों को उल्लेख हुआ है, वे इस प्रकार हैं- (1.) ब्रह्म यज्ञ, (2.) देव यज्ञ, (3.) अतिथि यज्ञ, (4.) पितृ यज्ञ (5.) बलिवैश्वदेव यज्ञ।

आभिचारक अभिलेख

सिंधु नदी घाटी के हड़प्पा, मोहेनजोदड़ो और कालीबंगा आदि नगरों से प्राप्त बहुत सी तख्तियों पर आभिचारिक यंत्र मिले हैं। संभवतः इन यंत्रों में विभिन्न पशुओं द्वारा प्रतिनिहित देवताओं की स्तुतियाँ हैं। ये अभिलेख प्रायः कवचों पर मिलते हैं। सुमेर, मिश्र, यूनान आदि में भी आभिचारिक अभिलेख पाए जाते हैं। संभवतः युद्धरत योद्धाओं की रक्षा के निमित्त इन्हें कवचों पर उत्कीर्ण किया जाता था तथा इनके यंत्र बनाकर योद्धाओं के गले में पहनाए जाते थे या शरीर पर बांधे जाते थे।

उपदेशात्मक अभिलेख

प्राचीन भारत में धार्मिक प्रयोजनों की तरह नैतिक एवं उपदेशात्मक अभिलेख भी लिखे जाते थे। अशोक के धर्मलेखों में उपदेशात्मक अंश अत्यधिक मात्रा में है। बेसनगर (विदिशा) के छोटे गरुड़ध्वज अभिलेख में भी उपदेश हैं- तीन अमृत पद हैं। यदि इनका सुंदर अनुष्ठान हो तो ये स्वर्ग को प्राप्त कराते हैं। ये हैं- दम, त्याग और अप्रमाद। चीन और यूनान में भी उपदेशात्मक अभिलेख मिले हैं।

समर्पण अथवा चढ़ावा अभिलेख

धार्मिक स्थापत्यों, विधियों और अन्य प्रकार की संपत्ति का किसी देवी-देवता अथवा धार्मिक संस्थान को स्थाई रूप से समर्पण अंकित करने के लिए इस प्रकार के अभिलेख प्रस्तुत किए जाते थे।

दान सम्बन्धी अभिलेख

प्राचीन धार्मिक और नैतिक जीवन में दान का बहुत ऊँचा स्थान था। प्रत्येक देश और धर्म में दान को संस्था का रूप प्राप्त था। स्थायी दान को अंकित करने के लिए पहले शिलाओं का और फिर ताम्रपत्रों का प्रयोग हुआ।

प्रशासकीय अभिलेख

प्रशासकीय अभिलेखों में विधि (कानून), नियम, राजाज्ञा, जयपत्र, राजाओं और राजपुरुषों के पत्र, राजकीय लेखा–जोखा, कोष के प्रकार और विवरण, सामंतों से प्राप्त कर एवं उपहार, राजकीय सम्मान और शिष्टाचार, ऐतिहासिक घटनाओं का उल्लेख, आदि सम्मिलित है। प्रस्तर–स्तम्भों पर लिखी हुई बाबुली सम्राट् हम्मुराबी की विधिसंहिता प्रसिद्ध है। अशोक के धर्मलेखों में उसके शासन से सम्बन्धित आज्ञाएं भरी पड़ी हैं। राजस्थान के राजाओं ने भी प्रशासकीय आज्ञाओं के लिए विभिन्न प्रकार के साधनों का उपयोग किया। कन्या वध निषेध, चुंगी में छूट आदि के सार्वजनिक लेख भी प्राप्त होते हैं।

प्रशस्ति अभिलेख

भारतीय राजाओं द्वारा अपनी विजयों, कीर्ति गाथाओं एवं प्रशस्तियों का वर्णन शिलाखंडों और प्रस्तर स्तम्भों पर उत्कीर्ण करवाने की प्रथा प्रचलित थी। राजाओं की दिग्विजयों के वर्णन बड़ी संख्या में पाए गए हैं। गुप्तों, गुहिलों, चौहानों, परिहारों, चौलुक्यों, परमारों एवं राठौड़ों आदि की प्रशस्तियां पत्थरों, मंदिरों की दीवारों एवं पहाड़ों में अंकित मिलती हैं।

स्मारक अभिलेख

अभिलेखों का मुख्य कार्य अंकन को स्थायी बनाना था। अतः घटनाओं, व्यक्तियों तथा कृतियों के स्मारक रूप में अगणित अभिलेख पाए गए हैं।

साहित्यिक अभिलेख

प्राप्त अभिलेखों में सर्वमान्य धार्मिक ग्रंथों अथवा उनके अवतरण और कभी-कभी समूचे नवीन, काव्य, नाटक आदि ग्रंथ अभिलिखित पाए गए हैं।

व्यापारिक तथा व्यावहारिक अभिलेख

भारत, पश्चिमी एशिया, मिस्र, क्रीट, यूनान आदि प्राचीन देशों में व्यापारियों की मुद्राओं पर और उनके लेखे-जोखे से सम्बन्धित अभिलेख पाए गए हैं। प्राचीन भारत के निगमों और श्रेणियों की मुद्राएँ अभिलेखांकित होती थीं और वे व्यापारिक एवं व्यावहारिक कार्यों के लिए स्थाई प्रवृत्ति की कठोर सामग्री का उपयोग करती थीं। कभी-कभी तो अन्य प्रकार के अभिलेखों में भी व्यापारिक विज्ञापन पाया जाता है। कुमारगुप्त तथा बन्धुवर्मन कालीन मालव संवत् 529 के अभिलेख में वहाँ के तंतुवायों (जुलाहों) के कपड़ों का विज्ञापन इस प्रकार दिया हुआ है- ***'तारुण्य और सौंदर्य से युक्त, सुवर्णहार, तांबूल, पुष्प आदि से सुशोभित स्त्री तब तक अपने प्रियतम से मिलने नहीं जाती, जब तक कि वह दशपुर के बने पट्टमय (रेशम) वस्त्रों के जोड़े को नहीं धारण करती। इस प्रकार स्पर्श करने में कोमल, विभिन्न रंगों से चित्रित, नयनाभिराम रेशमी वस्त्रों से संपूर्ण पृथ्वी तल अलंकृत है।'***

❑❑❑

अध्याय - 2

राजस्थान के अभिलेखागारों की आधारभूत सामग्री

भारत में शिलालेखों एवं ताम्रपत्रों का संग्रहण प्रायः संग्रहालयों में किया गया है जबकि ताड़पत्रों, कपड़ों एवं कागज आदि पर लिखित लेखों, पाण्डुलिपियों, बहियों, राजाज्ञाओं, चित्रपोथियों एवं चित्रों आदि का संग्रहण अभिलेखागारों में किया गया है। राजस्थान के ग्रंथ संग्रहालयों एवं अभिलेखागारों में इस प्रकार की अभिलेखीय सामग्री विपुल मात्रा में उपलब्ध है।

प्राचीन धार्मिक ग्रंथों का योगदान

भारतीय ऋषियों एवं चिंतकों ने वैदिक युग से लेकर मध्य काल तक संस्कृत भाषा में अनेक धार्मिक एवं आध्यात्मिक साहित्य का सृजन किया जिनसे धर्म, दर्शन, संस्कृति, समाज एवं इतिहास पर समुचित प्रकाश पड़ता है। ये साहित्य हैं- ब्राह्मण साहित्य, जैन साहित्य एवं बौद्ध साहित्य। ब्राह्मण साहित्य में वेद, वेदांग, महाकाव्य, पुराण, स्मृतियां एवं भाष्य, निबन्ध साहित्य एवं कौटिल्य का अर्थशास्त्र, कुमारसंभव, मृच्छकटिकम्, मुद्राराक्षस, कथासरित्सागर, मणिमेखलै, हर्षचरित एवं राजतरंगिणी आदि प्रमुख हैं। बौद्ध साहित्य में त्रिपिटक, महावंश, दीपवंश, मंजुश्रीमूलकल्प तथा जैन साहित्य में परिशिष्टपर्वन, भद्रबाहुचरित, प्रबन्धचिन्तामणि, कीर्तिकौमुदी तथा काव्य मीमांसा इत्यादि साहित्यिक एवं धार्मिक ग्रंथों से सांस्कृतिक जीवन व्यंजित होता है। जैन ग्रंथ परिशिष्टपर्वन हमें बताता है कि प्रथम नन्द सम्राट नाई जाति के पुरुष एवं एक महिला दरबारी से उत्पन्न हुआ।

विदेशी विवरणों का योगदान

विदेशी लेखकों और यात्रियों के विवरणों में भी भारतीय समाज और संस्कृति पर प्रचुरता से प्रकाश डाला गया जिनमें से अब कुछ ग्रंथ ही उपलब्ध होते हैं तथा कुछ ग्रंथों का उल्लेख अन्य ग्रंथों में मिलता है। इन ग्रंथों की पाण्डुलिपियां भी ग्रंथ संग्रहालयों में उपलब्ध होती हैं।

जैन ग्रंथ संग्रहालयों का योगदान

जैन आचार्यों, मुनियों एवं साधुओं ने राजस्थान के प्रसिद्ध कस्बों यथा नागौर, पाली, घाणेराव, जालौर, जैसलमेर, बीकानेर, अजमेर, बूंदी एवं जयपुर आदि बड़े नगरों से लेकर छोटे-छोटे गांवों में बहुत बड़ी संख्या में जैन ग्रंथ संग्रह स्थापित किए जिनमें प्राचीन काल से

लेकर मध्यकाल एवं आधुनिक काल तक के जैन ग्रंथ, चित्रित पोथियां, चित्र, ताड़पत्र एवं ग्रंथ प्राप्त होते हैं। जैन ग्रंथ संग्रहालयों में सैंकड़ों साल तक जीवन के विविध विषयों पर लिखे गए ग्रंथों की प्रतिलिपियां करने, उन्हें चित्रित करने एवं भण्डारण करने का कार्य बड़े स्तर पर किया गया। एक अनुमान के अनुसार इन संग्रहालयों में डेढ़ लाख से अधिक ग्रंथ उपलब्ध हैं। जयपुर नगर में 25 जैन ग्रंथ संग्रहालय हैं जिनमें संस्कृत, हिन्दी, डिंगल, पिंगल, अपभ्रंश, प्राकृत एवं पाली भाषा की हजारों पाण्डुलिपियां उपलब्ध हैं। आठवीं शती इस्वी में जैन मुनि उद्योतन सूरि ने जालोर में कुवलयमाला की रचना की। वर्तमान में सबसे प्राचीन पाण्डुलिपि ताड़पत्र पर अंकित है जिसकी रचना ई.1060 में हुई। यह ग्रंथ जैसलमेर के वृहद् ज्ञान भण्डार में रखा हुआ है। कागज पर अंकित सबसे प्राचीन पाण्डुलिपि ई.1272 की है जो तेरापंथियों के श्री दिगम्बर जैन मंदिर जयपुर में सुरक्षित है। इस पाण्डुलिपि में दिल्ली को मोजिनीपुर तथा वहाँ के बादशाह का नाम गयासुद्दीन तुगलक लिखा गया है। जैन ग्रंथ संग्रहालयों में 11वीं शती इस्वी से लेकर 19वीं शती ईस्वी तक लिखे गए धर्म, दर्शन, अध्यात्म, ज्योतिष, गणित, आयुर्वेद, संगीत, पुराण, कथा, काव्य, चरित आदि विविध विषयों के ग्रंथों का संग्रह है।

ताड़पत्र पाण्डुलिपियों की दृष्टि से जैसलमेर का वृहद् ज्ञान भण्डार विशेष रूप से उल्लेखनीय है तथा कागज पाण्डुलिपियों की दृष्टि से नागौर, बीकानेर, जयपुर एवं अजमेर के शास्त्र भण्डार अधिक महत्वपूर्ण हैं। नागौर के भट्टारकीय शास्त्र भण्डार में लगभग 12,000 हस्तलिखित ग्रंथ एवं 2,000 गुटकों का संग्रह है। गुटकों में संगृहीत ग्रंथों की संख्या लगभग 10,000 है।

जयपुर के जैन ग्रंथ संग्रहालयों में आमेर शास्त्र भण्डार, बड़ा दिगम्बर जैन मंदिर, तेरापंथियों का शास्त्र भण्डार, पाटोदियों के मंदिरों का शास्त्र भण्डार आदि उल्लेखनीय हैं। इन भण्डारों में अपभ्रंश एवं हिन्दी ग्रंथों की पाण्डुलिपियों का अच्छा संग्रह है। इन शास्त्र भण्डारों में जैन साधुओं के साथ-साथ अन्य धर्मों के विद्वानों द्वारा लिखित ग्रंथ भी उपलब्ध हैं। इनमें संस्कृत के उद्भट विद्वान मम्मट द्वारा रचित काव्य प्रकाश, राजशेखर कृत काव्यमीमांसा, कुत्तक कवि कृत वक्रोक्ति जीवित, आचार्य धर्मकीर्ति विरचित न्यायविन्दु, श्रीधर भट्ट कृत न्यायकैदली आदि अत्यंत महत्वपूर्ण हैं। नाटक साहित्य में विशाखदत्त का मुद्राराक्षस, भट्ट नारायण कृत वेणीसंहार, मुरारी कृत अनघराघव नाटक, कृष्ण मिश्र का प्रबोध चन्द्रोदय नाटक, सुबन्धु कृत वासवदत्ता नाटक एवं अन्य कृतियां उपलब्ध हैं। हिन्दी की प्राचीनतम कृतियों में से एक 'जिणदत्त चरित' की एक प्रति भी जयपुर के जैन भण्डारों में प्राप्त हुई है। इस काव्य का रचना काल वि.सं. 1254 (ई.1197) का है। बारहवीं शताब्दी की हिन्दी भाषा की यह पहली कृति प्राप्त हुई है जिसमें रचना काल का उल्लेख किया गया है। इन भण्डारों में 14वीं एवं 15 शताब्दी के बहुत से ग्रंथ उपलब्ध हैं। पृथ्वीराज रासो, कृष्ण रुक्मणि वेली, मधुमालती कथा, सिंहासन बत्तीसी, रसिकप्रिया एवं बिहारी सतसई की भी प्राचीनतम प्रतियां इन भण्डारों से उपलब्ध हुई हैं।

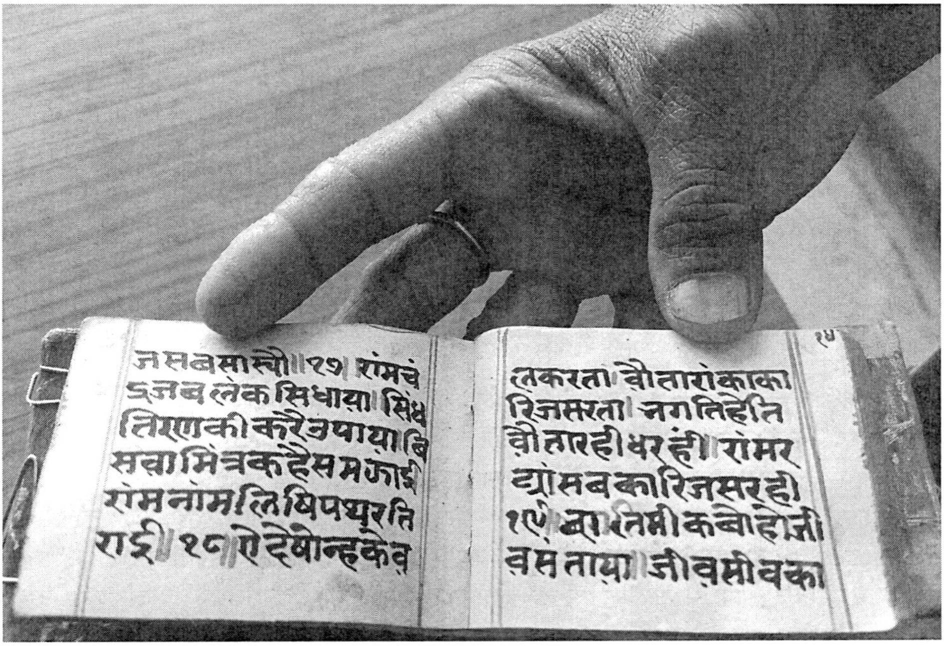

इन भण्डारों में 11वीं से लेकर 19वीं शताब्दी की बहुत सी प्रशस्तियां उपलब्ध हुई हैं जो राजस्थान के तत्कालीन इतिहास का प्रामाणिक इतिहास लिखने में सहायक हैं। इनमें से कुछ प्रशस्तियां स्वयं लेखक द्वारा लिखी गई हैं तथा कुछ प्रतियां लिपिकारों द्वारा लिपिबद्ध की गई हैं। इन प्रशस्तियों में ग्रंथ लिखवाने वाले श्रावकों के साथ-साथ उनकी गुरु परम्परा, तत्कालीन शासक, सम्राट, नगर का भी उल्लेख किया गया है। इन प्रशस्तियों को अजमेर, जैसलमेर, नागौर, आमेर, बूंदी, तक्षकगढ़ (टोडारायसिंह), चम्पावती (चाकसू), डूंगरपुर, सागवाड़ा, चित्तौड़, उदयपुर, आमेर, बूंदी, बीकानेर के जैन ग्रंथ संग्रहालयों में प्रमुखता से देखा जा सकता है। इन प्रशस्तियों में नगरों एवं कस्बों के प्राचीन नाम एवं शासकों के नाम तत्कालीन इतिहास को प्रामाणिकता प्रदान कर सकते हैं।

14वीं-15वीं शताब्दी ईस्वी में लेखक प्रशस्तियों के साथ-साथ ग्रंथ प्रशस्तियां लिखने का भी प्रचलन था। जैन ग्रंथ संग्रहालयों में कई महत्वपूर्ण ग्रंथ प्रशस्तियां उपलब्ध हैं। ग्रंथ प्रशस्तियों में लेखक द्वारा अपने समय के इतिहास के साथ-साथ नगर का वर्णन एवं लेखक के बारे में महत्वपूर्ण तथ्य आदि लिखता था। अपभ्रंश, हिन्दी, राजस्थानी आदि भाषाओं के अनेक ग्रंथों में ग्रंथ प्रशस्तियां लिखी हुई हैं। 17वीं शती में हिन्दी भाषा के एक कवि ने अपनी पुस्तक यशोधर चौपई में लिखी गई ग्रंथ प्रशस्ति में बूंदी नगर एवं बूंदी के शासक का वर्णन किया है। 17वीं सदी में बनारसीदास हिन्दी के बड़े कवि हुए। उन्होंने आध्यात्मिक रचनाएं लिखी हैं। वे हिन्दी भाषा के पहले कवि थे जिन्होंने 'अर्द्धकथाकरक' शीर्षक से अपना आत्मचरित भी लिखा। जब ई.

1605 में अकबर की मृत्यु हुई तो उन्होंने अपने एक ग्रंथ में अकबर की मृत्यु का काव्यात्मक उल्लेख किया है-

संवत् सौलह सै वासठ आयो कातिक पास नठा।
छत्रपति अकबर साहि जलाल नगर आगरे कीनो काल।

18वीं शती के कवि दिलाराम ने अपने ग्रंथ दिलाराम विलास में बूंदी नगर का वर्णन किया है। ई.1768 में कवि श्रुतसागर ने भरतपुर नगर एवं उसके संस्थापक महाराजा सूरजमल का वर्णन किया है। 18वीं-19वीं शती में रचित अनेक ग्रंथों में जयपुर नगर का काव्य वर्णन मिलता है। बुद्धिविलास में जयपुर नगर की स्थापना का अद्भुत दृश्य उपस्थित किया गया है। जैन विद्वान बख्तरास ने संवत् 1827 (ई.1770) में इस ग्रंथ की रचना की।

राजस्थान के जैन ग्रंथ संग्रहालयों से राजपूताना की अनेक रियासतों के शासकों के वंशक्रम, वंशवृक्ष एवं विस्तृत वर्णन वाली पट्टावलियों की प्राप्ति हुई है। इनसे दिल्ली के शासकों की भी विश्वसनीय जानकारी मिलती है। कुछ बादशाहों के राज्यकाल के घड़ी एवं पल तक की जानकारी दी गई है। जयपुर के एक शास्त्र भण्डार से एक पट्टावली प्राप्त हुई है जिसमें जयपुर राजवंश का विस्तृत विवरण लिखा गया है। जयपुर के दिगम्बर जैन तेरापंथी मंदिर के शास्त्र भण्डार में संस्कृत भाषा में राजवंश नामक एक कृति उपलब्ध हुई है जिसमें दिल्ली के शासकों का पाण्डवों से लेकर औरंगजेब तक का कार्यकाल दिया गया है। हिन्दी में लिखित 'पातिसाहि का ब्यौरा' नामक कृति में चौहान नरेश पृथ्वीराज के समय का वर्णन किया गया है। जैसलमेर के शास्त्र भण्डार में ई.1156 में लिखित 'उपदेश पद प्रकरण' की पाण्डुलिपि मिली है। इस ग्रंथ की प्रशस्ति में अजमेर नगर एवं उसके शासक 'विजयदेव विग्रहराज' का उल्लेख किया गया है।

पोथी चित्रों का योगदान

राजस्थान के प्राच्य संग्रहों एवं पोथीखानों में चित्रित पोथियां प्राप्त हुई हैं। इनमें बहुत से जैन ग्रंथागार भी सम्मिलित हैं। भारत में कागज बारहवीं शताब्दी ईस्वी से काम में लाया गया। उससे पहले की पोथियां भोजपपत्रों एवं ताड़पत्रों पर लिखी गई हैं। इनके पृष्ठों को सुंदर बनाने के लिए इन पर बॉर्डर, बेलबूटे एवं पुष्प आदि बनाए जाते थे। पड़ या पिछवाई कला में पड़, पद सहित या पद रहित दोनों ही रूपों में प्राप्त होती है। जैन ग्रंथों में पोथी चित्रण का कार्य गुरोसा, यतियों एवं साधुओं की देख-रेख में मथेन जाति के कलाकारों द्वारा किया जाता था। महत्वपूर्ण चित्रित जैन ग्रंथों में वि.सं.1845 का कल्पसूत्र सर्वप्रमुख है जिसे हरिदास ने लिपिबद्ध किया। इसका लेखन तपागच्छाचार्य सोमसुंदर सूरि के आदेश से किया गया। इस कल्पसूत्र में महावीर स्वामी तथा उनके समवसरण का चित्रण है। वि.सं. 1563 का कल्पसूत्र सावचूरि नामक ग्रंथ भीनमाल में चित्रित हुआ। वि.सं.1576 का कल्पान्तर्णच्य टीका ग्रंथ में द्विभुजा देवी का चित्र है। जैन चित्रांकन शैली के खरड़ानुमा विज्ञप्ति पत्र भी प्राच्य संग्रहालयों में मिलते हैं। बीकानेर शैली में धन्ना शानिभद्र चउपई के अंतर्गत चित्रांकन मिलता है।

सचित्र पोथियों में एक ओर लेखन तथा दूसरी ओर चित्रण किया जाता था। ग्रंथ के मध्यभाग में एवं यत्र-तत्र भी चित्रण किया जाता था। पोथी के मध्य में लेखन एवं पृष्ठ के पार्श्व में चित्रण अथवा ग्रंथों के पृष्ठों के नीचे विषय सम्बन्धी चित्रांकन एवं ऊपरी भाग पर पद तथा छंद लिखे जाते थे। पोथी चित्रण की परम्परा में अनेक लघुचित्र भी संगृहीत हैं जिनमें काव्यात्मक गुणों के आधार पर एवं कल्पना से शीर्षक दिए गए हैं। काव्य के महत्वपूर्ण अंशों, बारहमासा, ऋतु वर्णन, राग-रागिनी आदि पर आधारित लघुचित्रों में काव्य एवं चित्रकला दोनों ही उपस्थित हैं। चित्रकारों ने काव्य को आधार बनाकर भी चित्रण किया है। उनमें कला-प्रदर्शन एवं यश प्राप्ति का भाव निहित है।

अनेक चित्र धार्मिक अनुष्ठानों, कथा-वार्ताओं, अवतारों, राम-कृष्ण लीलाओं, बारहमासा, राग-रागिनियों, षडऋतु वर्णन आदि से सम्बन्धित हैं। ई.1812 में मारवाड़ चित्रशैली में चित्रित 'गणपतिमंत्र' नामक ग्रंथ में भगवान गणेश के प्रत्येक अंग एवं भुजाओं आदि में मंत्र लिखे हुए हैं। ऐसी ही एक पोथी में कुक्कुट वाहिनी देवी का दुर्लभ चित्र है। 18वीं सदी के पुष्पांजली नामक ग्रंथ में भगवती का चित्र बना हुआ है। एक ग्रंथ में अष्टपद भैरव, हनुमान एवं नृसिंह देव आदि विविध स्वरूपों का सामूहिक चित्रण किया गया है। मणिभद्र क्षेत्रपाल नामक ग्रंथ में भैरव रूप ग्राम रक्षक क्षेत्रपाल के शरीर के सभी अंगों पर मंत्र लिखे हुए हैं। अनेक पोथियों के प्रारम्भ में जयपुर शैली में चित्रित रिद्धि-सिद्धि गणेश के सुंदर चित्र मिलते हैं। जोधपुर प्राच्य विद्या संस्थान में शकुनावली नामक ग्रंथ में गणेशजी का सुंदर चित्र बना हुआ है तथा राजस्थान की मिश्रित लघुचित्र शैली में वीणा एवं पुस्तक धारिणी सरस्वती का चित्र बना हुआ है।

गीतगोविंद नामक ग्रंथ में मेवाड़ शैली में श्रीराधा श्रीकृष्ण एवं गोपियों के विभिन्न प्रसंगों के चित्र हैं जिनमें विरहाकुल राधा, राधाजी को मनाते हुए श्रीकृष्ण, श्रीकृष्ण पर पिचकारियों से रंग डालती हुई गोपियां आदि सम्मिलित हैं। रामकथा एवं श्रीकृष्ण कथा पर आधारित चित्र भी अनेक पोथियों में चित्रित हैं। इनमें सीता जन्म, सीता हरण, जटायू के प्राण त्याग, शूर्पनखा का नासिका विच्छेदन एवं लंकापुरी के चित्र प्रमुख हैं। पहाड़ी शैली में सीता का अग्निप्रवेश चित्र, भक्तराज ध्रुव का वैकुण्ठ गमन हेतु विमान आरोहण आदि प्रसंग चित्रित हैं। नृसिंह कवच ग्रंथ में भगवान नृसिंह का तथा मदनशतक ग्रंथ में चण्डीदेवी का सुंदर चित्र बने हुए हैं। तंजौर शैली में चित्रित श्रीमद्भागवत में श्रीकृष्ण के मुख में विश्व दर्शन, श्रीकृष्ण द्वारा युद्ध क्षेत्र में अर्जुन को उपदेश आदि चित्र बने हैं। मध्यकालीन रचनाओं में नीति एवं भक्ति से सम्बन्धित अनेक चित्रित पोथियां मिलती हैं। नासिकेतपाख्यान भाषाग्रंथ में तपस्यालीन ऋषि उद्धालक तथा पुरुष वेश में गरुड़ का चित्रांकन है।

कथा-वार्ता विषयक ग्रंथों में ढोलामारु री वात, फूलमती री वात, चंदन मलयागिरि री वार्ता, माधवानल कामकंदला आदि का सुंदर चित्रांकन मिलता है। राजस्थान के बहुत से ग्रंथों में सौराष्ट्री एवं गुजराती शैली के चित्रांकन भी मिलते हैं। धार्मिक विषयों में रामतिलक के दृश्य, दादू दयाल के जीवन प्रसंग, डांडिया नृत्य, महारासलीला, यशोदा द्वारा भगवान श्रीकृष्ण का लालन-पालन,

महादेवी सारणी आदि चित्र मिलते हैं। इस प्रकार राजस्थान की चित्रित पोथियां मध्यकालीन रियासती काल की चित्रकला की अनुपम धरोहर हैं जिनसे राजस्थान के प्राच्य विद्या प्रतिष्ठान भरे पड़े हैं। राजस्थान के प्रसिद्ध चित्र संग्राहलयों में पोथीखाना जयपुर, महाराजा मानसिंह पुस्तक प्रकाश जोधपुर, सरस्वती भण्डार उदयपुर, चित्रशाला बूंदी, माधोसिंह संग्रहालय कोटा तथा अलवर संग्रहालय अलवर प्रमुख हैं।

चिकित्सा ग्रंथों का योगदान

प्राच्य ग्रंथ भण्डारों में भारतीय प्राचीन चिकित्सा पद्धति आयुर्वेद के सम्बन्ध में हजारों ग्रंथ भरे हुए हैं। वर्तमान समय में आयुर्वेद चिकित्सा का प्रमुख आधार यही ग्रंथ हैं। आयुर्वेद के क्षेत्र में नई शोध बहुत कम हुई हैं।

पशु-चिकित्सा ग्रंथों का योगदान

प्राच्य ग्रंथ भण्डारों में मनुष्यों की व्याधियों के उपचार के साथ-साथ पशुओं की व्याधियों के उपचार के ग्रंथ भी बड़ी संख्या में हैं। भारतीय राजाओं की सैन्य शक्ति हाथी एवं घोड़ों की सेनाओं पर अवलम्बित थी। रथों में भी घोड़े जुतते थे। इस कारण हाथी एवं घोड़ों के उपचार सम्बन्धी हजारों ग्रंथ लिखे गए। उपचारों की इन पद्धतियों को गजायुर्वेद एवं अश्वायुर्वेद कहा जाता था। अश्व शालिहोत्र के सैंकड़ों ग्रंथ मिलते हैं जिनें घोड़ों की जाति, वर्ण, शुभ-अशुभ, घोड़े की बनावट, प्रकार, आयु, चिकित्सा, आदि के सम्बन्ध में जानकारियां उपलब्ध हैं। 19वीं सदी के मेवाड़ चित्रशैली के सचित्र ग्रंथ शालिहोत्र में घोड़ों के लक्षण एवं औषधि उपचार के उल्लेख मिलते हैं। घोड़े के मस्से, गलसुंडा तथा घाव का उपचार, घोड़े का मोदा फूटने पर उपचार, जहरबाज घोड़े का उपचार आदि विषयक ग्रंथ भी मिलते हैं।

पालकाप्य ऋषि रचित गजायुर्वेद ग्रंथ में हाथियों की विभिन्न प्रजातियों का वर्णन किया गया है। यह 18वीं सदी में लिखा गया राजस्थानी, मेवाड़ी एवं संस्कृत भाषा का चित्रित ग्रंथ है जिसमें 139 चित्र हैं। बहुत से ग्रंथ पशुओं पर ऋतुओं पर पड़ने वाले प्रभाव एवं उनके उपचार के बारे में विस्तार से लिखा गया है। कुछ ग्रंथ पशुओं के रख-रखाव पर भी आधारित हैं। हाथी के रसपान की विधि, हाथी के दांतों का उपचार, हाथी की आंखों में काजल लगाने की विधि आदि विषयक ग्रंथ भी मिलते हैं।

डिंगल एवं पिंगल साहित्य का योगदान

राजस्थान में चारणों, भाटों, रावों, जैन मुनियों तथा अन्य लेखकों द्वारा डिंगल एवं पिंगल भाषा में प्रचुर साहित्य की रचना की गई। इस साहित्य को चारण साहित्य, संत साहित्य, जैन साहित्य एवं लोक साहित्य में विभक्त किया जा सकता है। राजस्थानी भाषा का पद्य साहित्य रासो, महाकाव्य, दूहा, सोरठा, कवित्त, झूलणा, झमाल, गीत, कुण्डलियां, छंद, छप्पय, प्रबंध, गुटके, बेलि आदि में विस्तृत है। राजस्थानी गद्य को वात, वचनिका, ख्यात, दवावैत, वंशावली, पट्टावली, पीढ़ियावली, दफ्तर, विगत, हकीकत, वार्ता, नीसाणी, कुर्सीनामा आदि के रूप में लिखा जाता था।

प्राचीन काल एवं मध्यकाल में लिखा गया यह प्रचुर साहित्य विभिन्न स्थानों से एकत्रित करके प्राच्य विद्या संस्थानों में रखा गया है। इन पोथियों के संग्रहण के लिए ई.1955 में राजस्थान राज्य प्राच्य विद्या प्रतिष्ठान की स्थापना की गई। इसका मुख्यालय जोधपुर में है। ई.1961-62 में राजस्थान के विस्तृत क्षेत्र में विकीर्ण सामग्री के संरक्षण के लिए बीकानेर, कोटा, अलवर, उदयपुर, चित्तौड़ में उपशाखाओं की स्थापना की गयी। टोंक में अरबी और फारसी ग्रंथों के संरक्षण के लिए कार्यालय स्थापित हुआ जो अब स्वतंत्र संस्थान के रूप में कार्यरत है।

रियासती दस्तावेजों का योगदान

राजस्थान में ब्रिटिश शासन काल में अस्तित्व में रहीं 19 बड़ी रियासतों एवं विभिन्न ठिकाणों में कई प्रकार की बहियां, रुक्के, परवाने, ताम्रपत्र, पत्र व्यवहार, ऋणपत्र, पट्टे आदि उपलब्ध हैं। सभी रियासतों एवं ठिकाणों में प्रशासनिक कार्यों की बहियां यथा कोठार की बहियां, कमठे की बहियां, पट्टों की बहियां, हिसाब की बहियां, ताम्रपत्रों की नकलों की बहियां बड़ी संख्या में राज्य में उपलब्ध हुई हैं। इन्हें सम्बन्धित रजवाड़ों एवं ठिकाणों द्वारा स्थापित संग्रहालयों, पोथीखानों, राजस्थान राज्य अभिलेखागार बीकानेर एवं अन्य संग्रहालयों आदि में रखा गया है। बीकानेर अभिलेखागार के प्राविधिक खण्ड में 21 राज्यों के अभिलेख 7 संचय शालाओं में सुरक्षित किए गए हैं।

जयपुर राज्य के अभिलेख ई.1622 से 1743 तक उर्दू एवं फारसी में तथा ई.1830 से 1949 तक के अंग्रेजी भाषा में उपलब्ध हैं। जोधपुर राज्य के अभिलेख ई.1643 से 1956 तक के मारवाड़ी भाषा में तथा ई.1890 से 1952 तक अंग्रेजी भाषा में उपलब्ध हैं। कोटा राज्य के अभिलेख ई.1635 से 1892 तक हाड़ौती भाषा में उपलब्ध हैं। उदयपुर राज्य के अभिलेख ई. 1884 से 1949 तक मेवाड़ी भाषा में तथा ई.1862 से 1947 तक अंग्रेजी भाषा में उपलब्ध हैं। बीकानेर राज्य के अभिलेख ई.1625 से 1956 तक की अवधि के हैं। ये मारवाड़ी, उर्दू, अंग्रेजी और हिंदी में उपलब्ध हैं। अलवर, किशनगढ़, बूंदी, सिरोही, भरतपुर, झालावाड़, कुशलगढ़ तथा करौली आदि रजवाड़ों के 19वीं एवं 20वीं शताब्दी के अभिलेख सुरक्षित हैं।

अंग्रेजी शासन के दौरान अजमेर के एजेण्ट टू दी गर्वनर जनरल, कमिश्नर एवं चीफ कमिश्नर कार्यालयों के अभिलेख ई.1818 से लेकर 1956 तक की अवधि के हैं। स्वतंत्रता आंदोलन के समय प्रजातांत्रिक मांगों को लेकर बनी प्रजापरिषदों एवं प्रजामंडलों के अभिलेख और ई.1909 से लेकर बाद के समय की समाचार पत्रों की 3000 से अधिक कतरनें भी रखी हुई हैं। मौखिक इतिहास खंड में स्वतंत्रता सेनानियों से लिए गए 216 साक्षात्कार उन्हीं की आवाज में ध्वन्यांकित कर रखे गए हैं। पुस्तकालय खंड में भूतपूर्व रियासतों के गजट, बजट, प्रशासनिक प्रतिवेदन, जनगणना एवं अन्य महत्त्वपूर्ण संदर्भ पुस्तकें उपलब्ध हैं। एक अनुमान के अनुसार बीकानेर के अभिलेखागार में रखे गए दस्तावेजों को यदि धरती पर लम्बाई में फैलाया जाए तो उनकी लम्बाई पाँच लाख फुट होगी।

राज्य अभिलेखागार की उदयपुर शाखा की बख्शीशाला में ताम्रपत्रों की बही उपलब्ध है। इस बही में ई.1838 में 1,294 ताम्रपत्रों के नवीनीकरण करने का उल्लेख है। इन 1,294 ताम्रपत्रों में से 1,138 ताम्रपत्रों को गोरधनजी ने तथा 156 ताम्रपत्रों को रतना ने खोदा था। ये ताम्रपत्र महाराणा लाखा (ई.1382-1421) के काल से आरंभ होकर महाराणा भीमसिंह (ई.1778-1828) तक के हैं। अभिलेखागार की कोटा शाखा सूरजपोल स्थित झाला हाउस में है। इसके तीन मंजिले भवन में कोटा रियासत का 300 वर्ष पुराना अभिलेख विद्यमान है। यह अभिलेख राजस्थान की सबसे कठिन मानी जाने वाली हाड़ौती भाषा में लिखा हुआ है। राज्य में राष्ट्रीय पाण्डुलिपि मिशन के अंतर्गत प्राचीन एवं दुर्लभ ग्रंथों की खोज का काम चला जिसके तहत राज्य में कई लाख प्राचीन ग्रंथ खोजे गए। ये ग्रंथ विभिन्न अभिलेखागारों में रखे गए हैं।

आधुनिक इतिहास से सम्बन्धित दस्तावेजों का संग्रह-प्रदर्शन

राजस्थान में ई.1737 से ई.1818 तक का कालखण्ड मराठों एवं पिण्डारियों द्वारा उत्पन्न की गई अराजकता से पीड़ित रहा। ई.1818-58 तक ईस्ट इण्डिया कम्पनी ने देशी रियासतों को अधीनस्थ संधियों के द्वारा अपने नियंत्रण में रखा। ई.1858 से ई.1947 तक राजपूताना रियासतें ब्रिटिश क्राउन की परमोच्चता के अधीन रहीं। ई.1920 के आसपास राजपूताना रियासतों में उत्तरदायी सरकारों के गठन हेतु प्रजामण्डल आंदोलन आरम्भ हुए तथा ई.1947 में देश के स्वतंत्र होने के साथ ही राजस्थान के निर्माण की प्रक्रिया चली जो ई.1956 में जाकर पूरी हुई।

इस सम्पूर्ण कालखण्ड के इतिहास से सम्बद्ध अभिलेखों, मेमोयर्स, शिलालेख, पत्र, स्मारक, चित्र तथा शोधपत्रों का विभिन्न संग्रहालयों में संग्रहण किया गया है। भारत के स्वातंत्र्य संग्राम में चलाए गए आन्दोलनों, सत्याग्रहों एवं अन्य घटनाओं पर इतिहासकारों द्वारा निरंतर शोध कार्य किए जा रहे हैं, इनसे सम्बद्ध समाचार-पत्र, पत्रिकाएं, परिपत्र, राजकीय ओदश, चित्र आदि भी विभिन्न संग्रहालयों में संगृहीत एवं प्रदर्शित किए गए हैं।

❑❑❑

अध्याय - 3

राजस्थान के मध्यकालीन अभिलेखों का परिचय

मध्यकालीन इतिहास में राजस्थान के शासकों, जमींदारों, कारिंदों एवं महत्वपूर्ण व्यक्तियों द्वारा कई प्रकार के अभिलेखों का निष्पादन एवं संधारण किया जाता था। इनके सम्बन्ध में जानकारी प्राप्त किए बिना अभिलेखागारों की सामग्री का अवलोकन एवं अध्ययन अत्यंत कठिन होता है। बहुत से दस्तावेजों का बहुउद्देश्यी उपयोग होने के कारण प्रायः इन्हें समझने एवं एक दूसरे से अलग करके पहचानने में कठिनाई होती है। इन अभिलेखों का संक्षिप्त परिचय इस प्रकार से है-

अडसट्टा : आय-व्यय का सार-संग्रह। इसमें जमींदारों, सामंतों एवं राजाओं के कारिंदे राजस्व प्राप्ति एवं व्यय का विवरण लिखते थे।

अहवाल : किसी व्यक्ति की परिस्थितियों, कार्यों तथा घटनाओं के विवरण पर विज्ञापना या लेख-अर्जीदावा, किसी अभियोग की यांचा या निवेदन, किसी वाद में प्रथम व्यपदेशन।

अर्जदास्त : लिखित प्रार्थना या अभ्यर्थना-लेख।

अर्जी : निवेदन, प्रतिवेदन।

अवारिजा : दैनिक वृत्त पुस्तिका।

उदक पत्र : धार्मिक अनुदान विषयक अभिलेखा।

उरका : रुक्का।

कब्ज या कबज : रसीद, स्वीकार पत्र, पटवारी द्वारा कृषक को हासल की या करों की किश्तों की प्राप्ति की रसीद।

कबूलियात : लिखित समझौता जिसमें राजस्व लेने का अधिकार रखने वाला व्यक्ति, करदाता को कर राशि के निर्धारण की सूचना लिखता था।

कबूलियतनामा : स्वीकृति, लिखित समझौता, प्रतयभ्युपगम, पट्टे का प्रारूप।

करार : लिखित समझौता (एग्रीमेंट)।

करारनामा : लिखित नियमपत्र या व्यावहारिक समझौता।

कर्जखत : ऋणबंध पत्र या चुकारे का वचन।

कर्द : भूमि को कृषि योग्य बनाने में प्राप्त आय और व्यय का लेखा।

कागजात चेहरानवीसी : पहचान के उद्देश्य से लिखा गया अभिलेख। इसमें घोड़ों एवं मनुष्यों के शरीर के पहचान चिह्नों को लिखा जाता था।

कागदां री बही : इन बहियों में व्यापारिक मार्ग, परिवहन के साधन, परिवहन शुल्क, कर, हुंडियों, नियमपत्रों, स्थानीय और अन्तरप्रान्तीय व्यापार, व्यापारिक मार्गों की सुरक्षा, मुद्रा और व्यापारियों को शासकों द्वारा दी गई छूट आदि का विवरण।

कैफियत : कार्यालय द्वारा जारी टिप्पणी अथवा काश्तकार एवं मुद्दई आदि द्वारा प्रस्तुत स्पष्टीकरण।

कौलनामा : दो पक्षों के बीच किसी लेन-देन के सम्बन्ध में किया गया वचन पत्र, समझौता पत्र, संधि पत्र या घोषणा युक्त अभिलेख।

कुर्की परवाना : राज्य का ऋण न चुकाने पर या राज्य के विरुद्ध अपराध करने पर सम्पत्ति अधिग्रहण का न्यायिक आदेश पत्र।

खरीता : राज्य के शीर्ष अधिकारी द्वारा दूसरे उच्चाधिकारी को लिखा गया विशेष पत्र। ईस्ट इण्डिया कम्पनी द्वारा किसी राज्य के नए राजा को राज्य का शासक स्वीकार करने के लिए जो पत्र भेजा जाता था, उसे खरीता कहते थे।

खसरा : पटवारी द्वारा तैयार की जाने वाली अभिलेख पंजिका जिसमें कृषक का नाम, कृषि भूमि का क्षेत्रफल, भूमि की किस्म, उत्पादित फसल, राज्य का भाग, कृषक का भाग आदि का विवरण लिखा जाता था।

खाशरुक्का : शासक द्वारा अपने जागीरदारों अथवा राज्याधिकारियों को लिखा गया विशेष संदेश पत्र।

खेत-खत : कृषि भूमि या अंश प्रतिभूतियों से रहित भू-सम्पत्तियों के विक्रय या रेहन रखने से सम्बन्धित अभिलेख।

खूंट-खत : वह अभिलेख जिसके माध्यम से गांव, जागीर या ठिकाने में राजस्व संग्रहण के अधिकार किसी व्यक्ति को दिए जाते थे।

खतूत महाराजगान : महाराजाओं द्वारा परस्पर लिखे गए पत्र।

खतूत अहलकारान : राज्याधिकारियों द्वारा परस्पर लिखे गए पत्र।

ख्यात : लिखित इतिहास।

चकनामा : भूमिदान का आज्ञापत्र।

चालान : सामान के साथ व्यक्ति विशेष को कोष के साथ भेजा गया अभिलेख, बीजक, प्रमाणपत्र, प्रवेश पत्र।

चिट्ठी : स्फुट स्खलित पत्र।

चिहरा : व्याख्यात्मक संपीड़ित पत्र।

जमाखर्च बही : विभिन्न शीर्षकों में राज्य का खर्च संधारण करने वाली पुस्तिका।

टीप : हस्तलिखित संस्मरण या लेख्य, विशिष्ट प्रतिज्ञापत्र, बंध पत्र, या राज्य सरकार को धन अग्रसित करने वाले साहूकार को राजस्व विषयक अनुदान या उपकल्पन।

डौल जमाबंदी : वह अभिलेख जिसमें भूमि के मापन आदि के साथ अनुमानित राशि कर निर्धारण एवं भू-राजस्व का निर्धारण दर्शाया गया होता था।

ताऽअहद : समझौता, प्रतिबंध।

तखमीना : राजस्व, फसलों का उत्पादन आदि की विवरणी (स्टेटमेंट)।

तक्सीम : परगने के राजस्व का सार रूप लेखा जिसमें समस्त क्षेत्र के विवरण, हांकी गई भूमि, पड़त भूमि, उदक भूमि तथा वसूल किया गया राजस्व आदि का विवरण होता था।

तमस्सुक : प्रतिज्ञापत्र, इकरारनामा, हस्तलेख्य, लिखित अंगीकार, अभ्युपगम लेख या व्यवहार पत्र। इसे तम्मूसाक, तमसुक, तम्मूसुक तथा तोमसूक भी कहते थे।

तनदफ्तर : सरकार, जागीरदार, किसी भी सरकारी संस्था अथवा किसी भी व्यक्ति का व्यक्तिगत कार्यालय या पत्रावली जिसमें व्यक्तियों को दिए गए राजस्व विषयक निर्देश पंजीकृत किए जाते थे।

तन्ख्वाह : धनादेश या धन विषयक लेख्य, विनिमय पत्र, शासकीय अधिकारी द्वारा किसी भी विशेष प्रखंड (प्रदेश) पर पारिश्रमिक, वेतन, सेवा प्रतिदान या पूर्वसेवार्थ वृत्ति के भागधेय पर निर्देश (पेमेंट ऑर्डर)।

तौजी : राजस्व परिगृहीता के लेखा को प्रदर्शित करने वाला राजस्व लेखा, राज्यों की पंजिका।

तहरीर : लिखित वक्तव्य।

तुमार : नाम सूचि, पत्रावली, पंजिका, लेखा।

तुमार-ए-हाजिरी : उपस्थिति पंजिका।

दस्तक, दस्तग : राजस्व के नियमों का उल्लंघन करने वाले व्यक्ति के विरुद्ध जारी राशि जमा कराने का चेतावनी पत्र।

दस्तूर कौमवार : जातियों का वर्गीकृत विवरण रखने वाली पुस्तिका।

नवाजिशनामा : कृपा पत्र, इसमें किसी व्यक्ति को सरकार की तरफ से किसी वस्तु, अधिकार, राशि या वचन देने की सूचना होती थी।

निरख बाजार : सरकार द्वारा प्रतिदिन प्रसारित की जाने वाली वस्तुओं के बाजार भाव की सूचि। इसे व्यापारियों के संघ द्वारा तैयार किया जाता था एवं जागीरदार द्वारा मोहर लगाकर प्रमाणित किया जाता था।

नकल : दस्तावेज की प्रतिलिपि।

निरख जमाबंदी : यह निरख बाजार का उप अभिलेख होता था जिसमें विभिन्न फसलों की ग्रामवार प्रचलित दरें लिखी जाती थीं।

निशान : राजपरिवार के सदस्य द्वारा राजा के अतिरिक्त किसी भी व्यक्ति को लिखा गया पत्र निशान कहलाता था।

न्यौता : राजपरिवार में विवाह संस्कार, उपनयन, भोज आदि में सम्मिलित होने हेतु भेजा जाने वाला निमंत्रण। जब जागीरदार, सामंत आदि के यहाँ विवाह होता था, तो वह राजा को द्रव्य या भेंट देता था, उसे भी न्यौता कहते थे।

नुश्खा : लेखन का प्रारूप या नमूने की प्रति।

पंजा : विशेष राजाज्ञाओं पर राजा या युवराज द्वारा अपने हाथ का पंजा हल्दी, कुमकुम या केशर में डुबोकर अंकित किया जाता था।

पारचाखबर : समाचार पत्र या गुप्त संदेश पर टिप्पणी या सूचना।

परवाना : सरकार द्वारा राज्याधिकारियों के नाम जारी नियुक्ति पत्र, ऋणमुक्ति पत्र, वेतन सूचना, जागीर देने या जब्त करने की सूचना, अनुमति पत्र, अधिकार पत्र, निर्देश पत्र आदि। इन पर राजमुद्रा अंकित होती थी।

परवाना करार : परवाने का प्रारूप।

परवानगी : अनुमति, मुक्ति पत्र, अनुज्ञा पत्र या आदेश।

परवाना कुरकी : सरकार द्वारा जागीर, भूमि या चल-अचल सम्पत्ति अधिग्रहण या जब्त किए जाने का आदेश।

पत्र (कागद) : आदेश पत्र।

पट्टा : निश्चित अवधि हेतु जागीर या भूमि का स्वामित्व प्रदान किए जाने का अभिलेख जिसे जागीरदार या राजा मुद्रांकित करता था।

प्रेमपत्री : स्त्री-पुरुषों द्वारा अपने प्रेमी या प्रेयसी को भेजा गया पत्र। यह प्राय: रंगीन कागज पर होता था जिस पर सुगंध भी लगाई जाती थी।

फड़द : सूचीपत्र।

फरमान : सम्राट द्वारा कनिष्ठ शासक के नाम प्रसारित आज्ञापत्र, शासन पत्र, राजकीय विशेषाधिकार पत्र।

फारिग खत : निस्तारण या ऋण परिशोध विषयक लेखपत्र।

फारिग खत्ती या फरक्ती : लिखित प्रतिग्रह पत्र-लेख या ऋण परिशोधन पत्र।

फरोख्त खत : विक्रय पत्र।

बही : लेखा पुस्तिका, दैनिक लेखावृत्त, गणनपुस्तिका। बहियों का उपयोग परवाना, हासिल, पट्टा, हुण्डियों के विवरण तथा गांवों की जकात आदि के विवरण का अंकन करने के लिए भी किया जाता था।

बैनामा : बेचान सम्बन्धी अभिलेख।

बै-पट्टा : क्रय के द्वारा प्राप्त विशेष अवधि तक का पट्टा या उपपट्टा।

बरात : राजकीय राजस्व विषयक आदेश (लाइसेंस), अभिलेख पत्र, अनुज्ञा अधिकार पत्र, आज्ञा शासनपत्र।

ब्याव री बही : किसी विवाह के लिए क्रय की गई वस्तुओं की प्रविष्टि पुस्तिका या बहियां। इनमें नेगाचार, रीति-रिवाज आदि की भी सूचना रहती थी।

महजरनामा : राज्याधिकारियों के समूह द्वारा सर्वोच्च अधिकारी अथवा शासक के सम्मुख प्रस्तुत सामूहिक प्रतिवेदन अथवा जनसाधारण द्वारा उच्च राज्याधिकारी या राजा के समक्ष प्रस्तुत सामूहिक ज्ञापन।

मापा राहदारी कागजात : भू-राजस्व एवं कर आदि के आकलन हेतु भूमि के माप और दूरस्थ व्यापार हेतु मार्ग कर का निर्धारण पत्र।

मिजालिक : मूल रूप से मिजालिक आय-व्यय पत्रक था किंतु बाद में इसका उपयोग जागीरों के नाम, जागीरदारों की वृत्ति, अनुदान की राशि, घोड़ों की संख्या, सिपाहियों की संख्या, सरकारी ऋणों का विवरण, सेवा की शर्तें आदि विभिन्न सूचनाओं को अंकित करने वाली पंजिका के रूप में होने लगा। ये पंजिकाएं शासन के उच्चतम

स्तर से लेकर निम्नतम स्तर पर प्रयुक्त होती थीं। इन्हें आधुनिक स्टॉक रजिस्टर, सर्विस रूल्स तथा सर्कूलर संधारण पंजिका कह सकते हैं।

मिजालिक बारदार और उजरदार : इन पंजिकाओं में परिवहन एवं डाक विषयक वस्तुओं के प्रेषण, आयात-निर्यात, गुप्तचर सूचनाएं, आपराधिक जांच, जागीर व्यवस्था आदि का विवरण होता था।

मिजालिक पुण्य : इस पंजिका में दान-पुण्य विषयक अनुदान का विवरण लिखा जाता था।

मिजालिक मेहमानी : इस पंजिका में अतिथियों के आगमन, स्वागत, निवास व्यवस्था आदि का विवरण लिखा जाता था।

मिजालिक इक्तयादी ओर बेहाई : ऊँटों, घोड़ों आदि पशुओं की खरीद और लेखन सामग्री का स्टॉक रजिस्टर।

मिजालिक पेशकश और मिजालिक इनाम : इस पंजिका में उपहारों के लेन-देन का विवरण होता था।

मुचलका : लिखित प्रतिज्ञा लेख। यह सरकारी कर की निर्धारण दरों को स्वीकार करते हुए भूस्वामियों या कृषकों की ओर से प्रतिभूत्यात्मक संहतियों पर लागू होता था। इसे संरक्षा या क्षति-निस्तारक प्रतिज्ञा पत्र भी कहा जा सकता है।

मुख्तयारनामा : प्रतिनिधि या प्रतिहस्त की नियुक्ति या परकार्यसाधक का अधिकार।

मुख्तयारनामा खाश : परकार्य साधकत्व के साधारण अधिकार का लेख।

मुवाजना (कलां और खुर्द) : यह गांवों के सुदीर्घकालीन इतिहास से युक्त भूमि का विस्तृत अभिलेख होता था। इसमें गांव की भूमि की श्रेणी का विस्तार से वर्णन होता था जिसमें जोती हुई और पड़त भूमि, जंगल, ताल-तलैया, नदी-नाले, मगरा या पहाड़ी भूमि क्षेत्र भी लिखा जाता था। मुख्य गांव को कलां और उससे निःसृत उपगांव को खुर्द कहा जाता था। गावों के विवरण को बण्डल के रूप में रखा जाता था। इन दस्तावेजों में किसानों की स्थिति, बेगार प्रथा, जागीरदारों के विरुद्ध विभिन्न प्रकार की शिकायतें, अत्याचारों का विवरण, विभिन्न जातियों के भू-अधिकार एवं दायित्व आदि का विवरण भी गांव के इतिहास के रूप में उपलब्ध होता था।

याददास्त : भावी संदर्भ हेतु किसी सूचना से युक्त स्मरणपत्र।

राजीनामा : किसी सम्पत्ति के अधिकार या स्वामित्व या उपयोग हेतु निष्पादित किया गया लिखित समझौता (एग्रीमेंट)।

रिसाला : दीवान के द्वारा प्रेषित पत्र।

रेख की बही : शासन द्वारा दृश्य शैली में संधारित की जाने वाली पंजिका। इसमें भू-राजस्व, लाग-बाब, विभिन्न प्रकार के कर आदि का विवरण होता था।

रोजगार : मुकदमे की कार्यवाही का लेख।

रोजनामा या रोजनामचा : प्रत्येक गांव या जागीर की आय-व्यय, भू-राजस्व, पेशकश, राहदारी, चोबी आदि विषयों की दैनिक डायरी। इन्हें पोतेदार तैयार करते थे और ये कई प्रकार की होती थीं।

रोजनामा दफ्तर बही : वेतनाध्यक्ष के कार्यालय का दैनिक लेखा।

रोजनामा कोतवाली चौंतरा : प्रतिदिन प्राप्त किए जाने वाले करों एवं चुंगी आदि से सम्बन्धित पंजिका।

रोजनामा पोद्दार : दैनिक मुद्रा विषयक लेखा (कैश बुक)।

रोजनामा खजाना : कोषागार का दैनिक लेखा (कैश बैलेंस बुक)।

रोजनामा स्याह : खतौनी का अंकन किए जाने वाली पंजिका। इसमें समस्त व्यय सामूहिक रूप से चढ़ाए जाते थे। उनकी प्रविष्टियों को जमा-खर्च कहते थे। इस पंजिका को तोजी और तकसीम भी कहते थे।

रुक्कात : स्मरण अंकन, पत्र संग्रह या पत्र पंजिका।

रुक्का : किसी भी व्यक्ति द्वारा राजा या बादशाह को पत्र लिखने हेतु प्रयुक्त पत्र फलक को रुक्का कहते थे। राजपूत रियासतों में इसे उरका भी कहा जाता था। वजीर को रुक्का नहीं लिखा जाता था उसे तल्खीस लिखा जाता था।

लगन पत्रिका : वधू पक्ष की ओर से वर पक्ष को विवाह के निर्धारित पुरोगम की सूचना देने वाला और वर पक्ष की ओर से उक्त वित्रय स्वीकृति पत्र।

लेखा बही : इन बहियों में प्रसिद्ध व्यापारिक हुण्डियों से सम्बन्धित सूचनाएं निहित होती थीं।

लिखतम : लिखित रूप में समझौता, किसी भी पंजिका की प्रविष्टि।

वसीयतनामा : इच्छा पत्र। सम्पत्ति या अधिकार उपभोग के स्थानांतरण के सम्बन्ध में घोषणा।

वात : सभी प्रकार की कहानियां।

वाकया : घटनाओं के समाचार, विवरण।

विगत : विस्तार युक्त विवरण।

वकील रिपोर्ट : राज्य के वकीलों द्वारा भेजे गए समाचार या सूचनापत्र।

वाजिब-उल अर्ज : कनिष्ठ अधिकारी द्वारा वरिष्ठ अधिकारी के पास आदेश प्राप्ति हेतु भेजी गई टिप्पण।

शासन (सासन) : पुण्यार्थ प्रदान की जाने वाली भूमि का राज्यादेश।

सनद : पदवी, उपाधि अथवा राजस्व संग्रहण अधिकार दायक पत्र, विशेषाधिकार पत्र।

सनद परवाना बही : इस पंजिका में शिल्पियों को किए जाने वाले पारिश्रमिक भुगतान, व्यापारिक मार्ग कर, मुद्रा, हुण्डी, मेलों की व्यवस्था, डाक व्यवस्था, परिवहन व्यवस्था आदि का विवरण लिखा जाता था।

सावा बही : यह नगरवार तैयार की जाती थी। इसमें व्यापारिक मार्ग, कर, मुद्रा, हुण्डी, धनागारिता और मार्ग सुरक्षा का विवरण लिखा जाता था।

सवानीह निगार : सफायत खजाना का समाचार पत्र।

सियाह-ए-अहकाम : लिखित रूप में शाही आदेश।

सियाह-ए-हुजूर : गणनपुस्तिका, कलम-पंजिका।

सियाह-ए-सवानेह : संदेशहर या आख्यायक की सूचना पत्रिका।

सियाह-ए-वाकया : घटनाओं की पुस्तिका।

सियाह-ए-चौकी : बाह्य स्थानों से सम्बन्धित दैनिक डायरी।

सियाह-ए-तशीहा : श्रमिक नामावली।

सियाह-ए-अहिवाल : मृतकों की सम्पत्ति का विवरण।

स्याह खुफिया : इस पंजिका में गुप्तचरों द्वारा परगनों के सम्बन्ध में वे गुप्त सूचनाएं अंकित की जाती थीं जो आमिलों (परगना अधिकारियों) के उपयोग की होती थीं। इनमें व्यापारियों एवं जागीरदारों के आचरण के सम्बन्ध में गुप्त सूचनाएं, अकाल के समय दी गई राज्य-सहायता, दीवानी तथा फौजदारी मुकदमों में दिए गए निर्णय, सुरक्षा, तस्करी, चोरी आदि की सूचनाएं अंकित की जाती थीं।

सम्मति पत्र : धार्मिक मामलों में विद्वानों द्वारा प्रेषित सम्मतियाँ।

स्याह : पंजिका या रजिस्टर।

स्याह दफ्तर बख्शी : बख्शी के कार्यालय की पंजिका।

स्याह हकीकत : वास्तविक तथ्यों, स्पष्टीकरणों, व्याख्याओं आदि की पंजिका।

❑❑❑

अध्याय - 4

राजस्थान राज्य अभिलेखागार, बीकानेर

राजस्थान के इतिहास की लिखित सामग्री को सुरक्षित रखने के उद्देश्य से राजस्थान में ई. 1955 में राजस्थान राज्य अभिलेखागार की स्थापना की गयी। यह भारत का एक प्रतिष्ठिन संस्थान है। इस अभिलेखागार का मुख्यालय बीकानेर में है तथा इसकी शाखाएं जयपुर, जोधपुर, उदयपुर, कोटा, अजमेर, अलवर एवं भरतपुर में हैं। बीकानेर अभ्लिेखागार 5400 वर्ग गज क्षेत्र में बने एक भवन में स्थित है। लगभग 30 फुट ऊंचे अभिलेख संग्रहण कक्ष में लगे ऊंचे और भारी भरकम रैक किसी आश्चर्य से कम नहीं हैं। ई.1955 से पहले यह बीकानेर राज्य का अभिलेखागार था।

इन अभिलेखागारों में ऐतिहासिक, प्रशासनिक, सामाजिक, धार्मिक एवं आर्थिक दृष्टि से उपयोगी एवं दुर्लभ सामग्री संगृहीत है। इस सामग्री में मुगलकाल और मध्यकाल के अभिलेख, फरमान, निशान, मंसूर, पट्टा, परवाना, रुक्का, बहियां, अर्जियां, खरीता, पानड़ी, तोजी दो वरकी, अर्जदास्त, ताम्रपत्र, रजत पत्र, सियाह हजूर, अखबार, वकील रपट, दरबारी पत्र, चौपनिया एवं पंचांग आदि उपलब्ध हैं। यह सामग्री उर्दू, फारसी, अंग्रेजी, हिंदी, संस्कृत, डिंगल, पिंगल, ढूंढाड़ी, मारवाड़ी, मेवाड़ी, गुजराती, मराठी एवं हाड़ौती आदि भाषाओं में लिखी हुई है। एक अनुमान के अनुसार बीकानेर के अभिलेखागार में रखे गए दस्तावेजों को यदि धरती पर लम्बाई में फैलाया जाए तो उनकी लम्बाई पाँच लाख फुट होगी।

ऐतिहासिक महत्व

इस विपुल सामग्री से राजपूत रियासतों के मुगल शसकों से, ईस्ट इण्डिया कम्पनी से, ब्रिटिश क्राउन से एवं भारत की विभिन्न रियासतों से परस्पर सम्बन्धों का पता चलता है। साथ ही रियासती काल की भू-राजस्व व्यवस्था, अर्थव्यवस्था, सामाजिक व्यवस्था, राजनीतिक घटनाएं, प्रशासनिक व्यवस्था, न्यायिक व्यवस्था, प्रजामण्डल आंदोलन, स्वाधीनता संग्राम, राजाओं एवं महत्वपूर्ण व्यक्तियों के रियासतों के भीतर एवं रियासतों से बाहर के दौरों आदि की जानकारी होती है।

रियासती अभिलेखों की भाषा

बीकानेर अभिलेखागार के प्राविधिक खण्ड में 21 राज्यों के अभिलेख 7 संचय शालाओं में सुरक्षित किये गए हैं। जयपुर राज्य के अभिलेख ई.1622 से 1743 तक उर्दू एवं फारसी में तथा ई.1830 से 1949 तक के अंग्रेजी भाषा में उपलब्ध हैं। जोधपुर राज्य के अभिलेख ई.1643 से 1956 तक के मारवाड़ी भाषा में तथा ई.1890 से 1952 तक अंग्रेजी भाषा में उपलब्ध हैं। कोटा

राज्य के अभिलेख ई.1635 से 1892 तक हाड़ौती भाषा में उपलब्ध हैं। उदयपुर राज्य के अभिलेख ई.1884 से 1949 तक मेवाड़ी भाषा में तथा ई.1862 से 1947 तक अंग्रेजी भाषा में उपलब्ध हैं। बीकानेर राज्य के अभिलेख ई.1625 से 1956 तक की अवधि के हैं। ये मारवाड़ी, उर्दू, अंग्रेजी और हिंदी में उपलब्ध हैं। इनके अतिरिक्त अलवर, किशनगढ़, बूंदी, सिरोही, भरतपुर, झालावाड़, कुशलगढ़ तथा करौली आदि रजवाड़ों के 19वीं एवं 20वीं शताब्दी के अभिलेख सुरक्षित हैं।

अभिलेखों की संरक्षण पद्धतियां

मुगल शासकों ने 'तोजी' के माध्यम से रिकॉर्ड को सुरक्षित रखा, उसी पद्धति का अनुसरण भारत की रियासतों ने किया। बहियां रखने की परम्परा उसी से प्रेरित थी। मुगल काल में केन्द्रीय शासकों से सम्पर्क के लिए फारसी भाषा का प्रयोग किया जाता था और स्वदेशी राजपूत राजाओं के परस्पर व्यवहार में उर्दू भाषा व्यवहृत होती थी। अंग्रेजों के पदार्पण तक अभिलेखों को बहियों में दर्ज किया जाता था। अंग्रेजों ने फ्लेट फाइलिंग पद्धति विकसित की। उनके आने के बाद टाइपिंग मशीन का प्रचलन भी आरम्भ हुआ।

युद्धों के कारण अभिलेखों की उपेक्षा

राज्य अभिलेखागार में 17वीं शताब्दी के बाद के अभिलेख ही उपलब्ध हैं। उससे पूर्व के अभिलेख, रियासतों द्वारा की गई उपेक्षा एवं दीर्घकालीन युद्धों के चलते नष्ट हो जाने के कारण उपलब्ध नहीं हो पाए।

छत्रपति शिवाजी से सम्बन्धित अभिलेख

प्राचीन महत्व के अभिलेखों में राजस्थान राज्य अभिलेखागार में छत्रपति महाराज शिवाजी के सम्बन्ध में अनेक अभिलेख उपलब्ध हैं। शिवाजी और उनके पुत्र संभाजी की शारीरिक पहचान के मूल दस्तावेज भी संगृहीत हैं।

1857 की सैन्य क्रांति से सम्बन्धित अभिलेख

1857 की सैन्य क्रांति के सम्बन्ध में भी विपुल एवं महत्वपूर्ण अभिलेख संगृहीत हैं जो 1857 के आंदोलन के समय अंग्रेजों के विचार, देशी शासकों का रवैया एवं स्वतंत्रता सेनानियों की मानसिकता को दर्शाते हैं।

बीकानेर रियासत का अंग्रेजों से पत्र-व्यवहार

महाराजा गंगासिंह और महाराजा सार्दुलसिंह के अंग्रेजों के सम्बन्ध में दर्शाने वाले अभिलेख भी सुरक्षित हैं।

कमिश्नर एवं चीफ कमिश्नर कार्यालयों के अभिलेख

अंग्रेजी शासन के दौरान अजमेर के कमिश्नर एवं चीफ कमिश्नर कार्यालयों के अभिलेख ई.1818 से लेकर 1956 तक की अवधि के हैं।

जागीरी संग्रह

राजस्थान राज्य अभिलेखागार बीकानेर में जागीर आयुक्त कार्यालय जयपुर का समस्त अभिलेख हस्तांतरित कर लिया गया है। इसके साथ-साथ अनेक जागीरदारों के संग्रहों का अणुचित्रण (माइक्रोफिल्म निर्माण) कर लिया गया है। इनमें भादरा का कुमेरसिंह संग्रह, हरासर का जीवराज संग्रह, ठाकुर आनंदसिंह संग्रह, जोरावरसिंह संग्रह, बिसाऊ ठिकाना संग्रह, डिग्गी ठिकाना संग्रह, नवलगढ़ ठिकाना संग्रह आदि प्रमुख हैं।

प्रजामण्डल अभिलेख

स्वतंत्रता आंदोलन के समय प्रजातांत्रिक मांगों को लेकर बनी प्रजापरिषदों एवं प्रजामंडलों के अभिलेख भी इस अभिलेखागार में उपलब्ध हैं। इन अभिलेखों में राजपूतना रियासतों में उत्तरदायी शासन की स्थापना की मांग को लेकर हुए आंदोलनों का इतिहास दर्ज है। इनमें अलवर राज्य प्रजा मण्डल, मेवाड़ राज्य प्रजा मण्डल, करौली राज्य प्रजामण्डल, जयपुर राज्य प्रजा मण्डल, जोधपुर राज्य प्रजा मण्डल, झालावाड़ राज्य प्रजा मण्डल, डूंगरपुर राज्य प्रजामण्डल, बांसवाड़ा राज्य प्रजा मण्डल, प्रतापगढ़ राज्य प्रजामण्डल, बीकानेर राज्य प्रजामण्डल, भरतपुर राज्य प्रजामण्डल, धौलपुर राज्य प्रजामण्डल, सिरोही राज्य प्रजामण्डल, बूंदी राज्य प्रजामण्डल, किशनगढ़ राज्य प्रजामण्डल के अभिलेख सम्मिलित हैं।

निजी एवं पारिवारिक संग्रहों के अभिलेख

राज्य के बहुत से निजी संग्रहकर्ताओं अथवा उनके परिवारों ने अपने निजी संग्रह अभिलेख भी राजस्थान राज्य अभिलेखागार को समर्पित कर दिए हैं। इनमें बीकानेर से प्राप्त भैय्या संग्रह [1], शिवकिशन व्यास संग्रह, राव गोपालसिंह वैद संग्रह, गंगादास कौशिक संग्रह, वैद्य मेघाराम शर्मा संग्रह, कुमारसिंह संग्रह, हुकुम लाल संग्रह आदि सम्मिलित हैं। भंवरलाल चेला लालचंद संग्रह तथा हंसराज बस्तीचंद चौधरी संग्रह जालोर से प्राप्त हुए हैं। जालोर से ही प्राप्त उदयचंद मेहता संग्रह, जोधपुर शाखा में रखा हुआ है। हरदयाल चंद माथुर संग्रह नागौर से प्राप्त हुआ है। गजेन्द्रसिंह चंदेला संग्रह हिमाचल प्रदेश के बिलासपुर राज्य से सम्बन्धित है। छगनराज टिकमणी संग्रह नागौर परगने से सम्बन्धित है। लोकमणि संग्रह नागौर परगने के परिवार से सम्बन्धित है। विजयसिंह पथिक संग्रह अजमेर से प्राप्त हुआ है। छगनराज चौपासनी वाला संग्रह तथा रामदत्त थानवी संग्रह जोधपुर से प्राप्त हुए हैं। मोहता सालमसिंह संग्रह जैसलमेर से प्राप्त हुआ है (यह जोधपुर शाखा में रखा हुआ है।) मेहता संग्रामसिंह संग्रह उदयपुर से प्राप्त हुआ है। वाल्टर नोबल

[1] इसे जैपाल भैय्या संग्रह भी कहते हैं।

स्कूल संग्रह बीकानेर राज्य के जागीरदारों की शिक्षा के विकास के अध्ययन के लिए महत्वपूर्ण है।

अभिलेखागार के विभाग

अभिलेखागार की गतिविधियों को सुचारू रूपेण संचालित करने के उद्देश्य से 10 विभाग स्थापित किए गए हैं।

(1.) अभिलेख अवाप्ति विभाग : अभिलेखागार का यह विभाग विभिन्न रियासतों से प्राप्त अभिलेखों को वैज्ञानिक ढंग से सुरक्षित रखने का कार्य करता है। विभिन्न स्थलों से प्राप्त रिकॉर्ड को यह विभाग एक व्यवस्था प्रदान करता है। सूचिकरण तथा वर्गीकरण कार्य भी इसी विभाग के जिम्मे हैं। अन्य विभागों से अभिलेख अवाप्त करने का कार्य भी इसी विभाग के माध्यम से होता है। इसे प्रविधिक खण्ड भी कहते हैं।

(2.) मरम्मत एवं परिरक्षण विभाग : यह विभाग जीर्ण-शीर्ण रिकॉर्ड की मरम्मत करता है। अभिलेख परिरक्षण की सभी वैज्ञानिक पद्धतियाँ काम में जी जाती हैं। बहुपठनीय अभिलेखों का लेमीनेशन किया जाता है। दुर्लभ किंतु जीर्ण अभिलेखों के संरक्षण के लिए इस खण्ड में प्रयोगशाला बनी हुई है।

(3.) अणु चित्रण एवं डिजिटलीकरण विभाग : माइक्रो फिल्म पद्धति से भी रिकॉर्ड को सुरक्षित रखा जाता है। अर्थात् बहुमूल्य रिकॉर्ड का अणुचित्रण किया जाता है। अभिलेखागार के अभिलेखों की माइक्रोफिल्म बनाई जा रही हैं। इससे दस्तावेज अगले 500 साल तक सुरक्षित रहेंगे। अब तक लगभग 50 लाख दस्तावेजों का डिजिटलीकरण हो चुका है।

(4.) अभिलेख प्रकाशन विभाग : अभिलेखागार द्वारा समय-समय पर महत्वपूर्ण प्रकाशन किए जाते हैं। 'राजस्थान थ्रू दी एजेज' के तीन खण्डों के माध्यम से राजस्थान का विश्वसनीय इतिहास प्रकाशित करवाया गया है। बहुत से फारसी फरमान, निशान एवं मंसूर आदि का भी हिन्दी में अनुवाद एवं प्रकाशन करवाया गया है। 'फारसी फरमानों के प्रकाश में मुगल कालीन भारत एवं राजपूत शासक' तथा 'राजस्थान स्वाधीनता संग्राम के साक्षी' आदि ग्रंथों का भी प्रकाशन करवाया गया है। महत्वपूर्ण अभिलेखों की 26 सूचियों का प्रकाशन किया गया है। इससे शोधकर्ताओं को कार्य करने में सुविधा हो गई है। ख्यात देस दर्पण, बिजौलिया किसान आंदोलन आदि कई महत्वपूर्ण प्रकाशन किए गए हैं।

(5.) सर्वेक्षण-निरीक्षण विभाग : सर्वेक्षण विभाग पुरालेखीय महत्व के अभिलेखों के सर्वेक्षण का कार्य करता है। निजी संस्थाओं, परिवारों तथा व्यक्तियों के पास ऐसे अभिलेखों का पता लगाया जाता है। विभाग उक्त अभिलेखों को मूल रूप में प्राप्त करने का प्रयास करता है। अन्यथा उसकी माइक्रोफिल्म बना लेता है।

(6.) मौखिक इतिहास विभाग : अभिलेखागार के मौखिक इतिहास खंड (रिकॉर्डिंग रूम) में 246 स्वाधीनता सेनानियों, किसान आंदोलनों के नेताओं एवं प्रजामण्डल के नेताओं के संस्मरण उन्हीं की आवाज में ध्वन्यांकित कर रखे गए हैं जिन्हें शोधार्थी एवं अन्य विजिटर्स सुन सकते हैं।

(7.) प्रशिक्षण विभाग : इस विभाग द्वारा राज्य सरकार के विभिन्न विभागों के कर्मचारियों को अभिलेख का राष्ट्रीय महत्व बताने के लिए प्रशिक्षण दिया जाता है ताकि वे अपने कार्यालयों में अभिलेख संधारण के काम को सावधानी से करें।

(8.) प्रचार-प्रसार खण्ड : जनसाधारण में अभिलेखीय जागृति उत्पन्न करने के लिए अभिलेख सप्ताह, संगोष्ठियों, सेमीनारों, शिविरों आदि का आयोजन किया जाता है तथा अभिलेख सम्पदा के सम्बन्ध में जानकारी रखने वाले प्रबुद्ध विद्वानों के उद्बोधन आयोजित किए जाते हैं।

(9.) शोध एवं संदर्भ सेवा : राजस्थान और भारतीय इतिहास पर काम करने वाले लगभग 500 देशी-विदेशी शोधार्थियों और विद्वानों का इस अभिलेखागार में प्रतिवर्ष आगमन होता है। इस अभिलेखागार में संयोजित सामग्री इतिहास लेखन के मूल स्रोत के रूप में शोधार्थियों के लिए अत्यंत उपयोगी है। विदेशी छात्र प्रायः राजपूत रियासतों में मध्यकाल में महलों एवं जनसाधारण के आवासों में की जाने वाली चित्रकारी, माण्डने, भित्तिचित्र एवं रियासत काल में होने वाले आय-व्यय आदि विषयों पर शोधकार्य करते हैं।

(10.) पुस्तकालय सेवा : अभिलेखागार के पुस्तकालय में भूतपूर्व रियासतों के गजट, बजट, प्रशासनिक प्रतिवेदन, जनगणना रिपोर्ट्स एवं अन्य महत्त्वपूर्ण संदर्भ पुस्तकें उपलब्ध हैं। इस पुस्तकालय में 50 हजार से अधिक पुस्तकें हैं जिन्हें 51 विषयों में व्यवस्थित किया गया है। देश की प्रतिष्ठित शोध पत्रिकाएं भी उपलब्ध हैं। इस पुस्तकालाय में कुछ ऐसी दुर्लभ पुस्तकें भी उपलब्ध हैं जो देश के किसी अन्य पुस्तकालय में नहीं हैं। अति प्राचीन पद्धति से छपी पुस्तकें भी देखी जा सकती हैं।

समाचार पत्रों की कतरनें

ई.1909 से लेकर स्वतंत्रता काल तक के समाचार पत्रों की 3000 से अधिक कतरनें भी इस अभिलेखागार में सुरक्षित हैं।

राष्ट्रीय पाण्डुलिपि मिशन

राज्य में राष्ट्रीय पाण्डुलिपि मिशन के अंतर्गत प्राचीन एवं दुर्लभ ग्रंथों की खोज का काम चल रहा है। इसके तहत राज्य अभिलेखागार ने कई लाख प्राचीन ग्रंथ खोजकर सुरक्षित किए हैं।

ऑनलाइन अभिलेख

इस अभिलेखागार के लगभग एक करोड़ अभिलेख ऑनलाइन उपलब्ध कराए गए हैं। अभिलेखागार में लगभग तीन करोड़ दस्तावेज ऑनलाइन किए जाने की योजना है।

जयपुर राज्य के अभिलेख

राजस्थान राज्य अभिलेखागार में आमेर (जयपुर) रियासत के अभिलेख क्रमबद्ध रूप से उपलब्ध हैं। ये अभिलेख मुख्यतः फारसी एवं ढूंढाड़ी (राजस्थानी) भाषा में उपलब्ध हैं। इन दस्तावेजों में लिपि दोष के कारण वर्तनी की अशुद्धियां प्रमुख रूप से उपलब्ध हैं। इनमें विराम, अर्द्धविराम, अनुस्वार एवं अर्द्धानुस्वार के अनुशासन का कड़ाई से पालन नहीं किया गया है। बहुत से दस्तावेजों में, सम्बन्धों में विभिन्नता का प्रदर्शन करने के लिए एक लम्बी रेखा खींच दी जाती थी अथवा दो खड़े विराम लगा दिए जाते थे। जयपुर रियासत के शासकीय पत्रों के आरम्भ में राज्य परिवार के इष्टदेव का नाम अंकित है। तत्पश्चात् मोहर, माला, फूल-पत्तियां तथा सही आदि के विशेष चिह्न बनाए गए हैं। इसके बाद मूल पाठ में प्रेषित का नाम, शहर, गांव तथा मुख्य विषय लिखा हुआ है। तत्पश्चात् आज्ञावाहक, प्रधान या प्रेषिक, अधिकारी की मोहर होती है। साधारण पत्र काली स्याही से लिखे गए हैं। रानियों के पत्र, विवाह तथा अन्य सामाजिक-पारिवारिक समाराहों के अभिलेख रंग-बिरंगी फूल-पत्तियों से अंकित हैं। इन पत्रों में हस्तनिर्मित सांगानेरी कागज प्रयुक्त हुआ है।

जयपुर राज्य के अभिलेखों में फरमान, निशान, सनद, अखबारात, वकील रिपोर्ट, महाराजगान, खतूत महाराजगान, खतूत अहलकारान, मुत्तफरक अहलकारान खरीता, फर्द, अल्खाब वाकिया, तोजी दस्तूर, पाना माहवरी, किकिरी खाना अभिलेख, महकमा बुतायत, कोषगढ़, तोषाखाना जीनखाना, रतनगढ़ कोठियार हजूरी, खजाना, फीलखाना, बरात, सिलहखाना, खुशबूखाना, ओखदखाना, गअखाना, तम्बोलकखाना, रसोईखाना, पात्तखाना, रोशनबकी, फराशखाना, खयालकखाना, शतूरखाना, सीवानगढ़, घोड़ा निकास, दाग घोड़ा, मेवाखाना, षापाखाना, मशालखाना, इमारतखाना, अड़सट्टा, असबल खर्च, सीगाजात, कौन्सिल फाइल आदि के अभिलेख सम्मिलित हैं।

कुछ दस्तावेज अग्निगृह, फौज किलेजात, जग्गरखाना, बर्फखाना, पालकीखाना, नगाड़खाना, पोथीखाना, अवधगृह रथखाना, शिकारखाना, नुस्खा उदक, चिट्ठीयात, पुंजा, जागीर, खरड़ा जमा खर्च, दरबार मुल्ला, अर्जियां, ड्यौढ़ी बाजार आदि से सम्बन्धित हैं। जयपुर राज्य के अभिलेखों से ज्ञात होता है कि रियासती शासन में विभागों की संख्या घटती-बढ़ती रहती थी। राजस्थान राज्य अभिलेखागार बीकानेर में जयपुर वकील कोर्ट्स भाग एक तथा भाग दो एवं वकील रिपोर्ट फारसी भाषा तथा राजस्थानी भाषा में प्रकाशित हुई है जो जयपुर रियासत के अभिलेखों पर अच्छा प्रकाश डालती है।

जयपुर अभिलेखागार में रखे तोजी बण्डल एवं सजिल्द पुस्तकों के रूप में उपलब्ध दस्तूर कौमवार वि.सं.1700 से 2000 तक की दुर्लभ सामग्री है। तोजी बण्डल 42 हैं जिनकी नकल करके 34 पुस्तकें बनाई गई हैं। इस सामग्री से प्रत्येक जाति के बारे में विपुल जानकारी प्राप्त होती है। इन दस्तावेजों से राज्य के उत्सवों, रीति-रिवाजों, देशी रियासतों एवं अंग्रेजी सरकार से जयपुर राज्य के सम्बन्धों और विभिन्न नरेशों की जयपुर यात्राओं की जानकारी भी प्राप्त होती है। गुरु, संत, फकीर, ठाकुरद्वारों आदि की भी जानकारी मिलती है। जयपुर राज्य अभिलेखागार में

विज्ञान एवं तकनीकी अभिलेख शृंखलाएं भी काफी महत्त्वपूर्ण हैं। कारखाने जात की उपशृंखलाएं, राज-परिवार के सदस्यों के दैनिक एवं विशेष अवसरों पर उपयोग में आने वाली विविध प्रकार की सामग्री की व्यवस्था, उत्पादन एवं निर्माण आदि कार्यों के दैनिक जमाखर्च का हिसाब अंकित है।

इमारतखाना अभिलेख शृंखला में 18वीं सदी के वास्तु विज्ञान की जानकारी के साथ, जलगढ़, सुदर्शन महल, बादल महल, चांदपोल बाजार, माणक चौक तथा हकीमजी की हवेली आदि बनवाने में प्रयुक्त सामग्री का विवरण प्राप्त होता है।

जयपुर राज्य की गौखाना (सं.1771-1898), शुतरखाना (सं.1815-1898), एवं फीलखाना (सं.1791-1898) अभिलेख शृंखलाओं में गाय, ऊँट तथा हाथियों की पौष्टिक खुराक की जानकारी दी गई है। पशुओं के बीमार पड़ने तथा चोटग्रस्त होने पर दी जाने वाली दवाओं तथा लगाए जाने वाले लेपों की भी जानकारी दी गई है। रोजनामा रंगखाना में कपड़े तथा भवनों को रंगने, सूरतखाना में कागज पर चित्र बनाने तथा ख्यालनामा में (सं.1850-55) से जयपुर में की जाने वाली आतिशबाजी की जानकारी दी गई है। जयपुर राज्य की रसोई खास (सं.1794-1883) अभिलेख शृंखला से राज्यपरिवार के सदस्यों के लिए बनने वाले व्यंजनों एवं भोजन की जानकारी मिलती है। सींवनघर अभिलेख शृंखला (सं.1796-1800) से विविध प्रकार के कपड़ों को सीने एवं सजाने की जानकारी मिलती है।

जागीर आयुक्त के पट्टाभिलेख भी अभिलेखागार की मूल्यवान धरोहर है। ईस्वी 1954 में राजस्थान से जागीरदारी प्रथा का उन्मूलन किया गया तथा जागीरों के पट्टे राजस्थान सरकार के जागीर आयुक्त द्वारा अधिग्रहीत कर लिए गए। सरकार ने जागीरदारों को मुआवजा देकर ये पट्टे खरीदे। ई.1977-79 में राजस्थान राज्य अभिलेखागार ने इन पट्टों को अधिग्रहीत कर लिया। ये पट्टाभिलेख ई.1852-1958 तक की अवधि के हैं। 5000 रुपयों से अधिक वार्षिक आय वाली जागीरों की संख्या 410 थी। इन 410 जागीरों की कुल पट्टाबहियों, रजिस्टरों एवं पट्टामिसलों की संख्या 1562 है। इन सबसे पुराना अभिलेख पाली जिले में तब स्थित जागीर बेड़काला का पट्टा है जो ई.1852 (सं.1909) का है। सबसे बाद का अभिलेख भी पाली जिले में तब स्थित जागीर रास का पट्टा है। यह ई.1958 का है।

जयपुर शाखा के अभिलेख

राजस्थान राज्य अभिलेखागार के जिला आर्काइव्ज ऑफिस जयपुर में ई.1900 से 1948 तक के अभिलेख हैं जो अंग्रेजी, हिन्दी, उर्दू एवं राजस्थान में रखे हुए हैं।

जोधपुर शाखा के अभिलेख

जोधपुर जिला कार्यालय में ई.1744 से 1969 तक के राजस्व अभिलेख सुरक्षित हैं। शायद ही कोई व्यक्ति इस अभिलेख को देखने वर्ष भर में यहाँ आता है।

उदयपुर शाखा के अभिलेख

उदयपुर क्षेत्र के 19वीं शताब्दी से पहले के विपुल अभिलेख बच नहीं पाए। जो बचे, उन्हें ही राज्य अभिलेखागार की उदयपुर शाखा में रखा गया है। इस शाखा की बख्शीशाला में ताम्रपत्रों की बही दर्शनीय है। इस बही में ई.1838 में 1,294 ताम्रपत्रों के नवीनीकरण करने का उल्लेख है। इन 1,294 ताम्रपत्रों में से 1,138 ताम्रपत्रों को गोरधनजी ने तथा 156 ताम्रपत्रों को रतना ने खोदा था। ये ताम्रपत्र महाराणा लाखा (ई.1382-1421) के काल से लेकर महाराणा भीमसिंह (ई. 1778-1828) तक के हैं।

कोटा शाखा के अभिलेख

अभिलेखागार की कोटा शाखा सूरज पोल स्थिल झाला हाउस में है। इसके तीन मंजिले भवन में कोटा रियासत का ई.1675 से 1948 तक का अभिलेख विद्यमान है। ये अभिलेख हाड़ौती, अंग्रेजी एवं उर्दू भाषा में हैं।

अजमेर शाखा के अभिलेख

अजमेर शाखा में ई.1860 से 1967 तक की अवधि के अभिलेख रखे हुए हैं। इन अभिलेखों की भाषा मुख्यतः अंग्रेजी, उर्दू तथा हिन्दी है।

अलवर शाखा के अभिलेख

डिस्ट्रिक्ट आर्काइव्ज ऑफिस अलवर में ई.1872 से 1965 तक के अभिलेख सुरक्षित हैं। ये मुख्यतः अंग्रेजी एवं राजस्थानी में हैं।

भरतपुर शाखा के अभिलेख

भरतपुर शाखा में ई.1870 से 1952 तक के अभिलेख हैं जो मुख्यतः उर्दू एवं हिन्दी में हैं।

❑❑❑

अध्याय - 5

प्राचीन पाण्डुलिपियों का संग्रहालय राजस्थान प्राच्यविद्या प्रतिष्ठान

राजस्थान की 19 रियासतों एवं विभिन्न ठिकाणों में संस्कृत, प्राकृत, डिंगल, पिंगल, अपभ्रंश, राजस्थानी तथा हिन्दी आदि भाषाओं में साहित्यकारों द्वारा साहित्य, ज्योतिष, आयुर्वेद एवं इतिहास सम्बन्धी विविध रचनाएं लिखी गईं एवं चित्रों का निर्माण किया गया। जयपुर, जोधपुर, उदयपुर, बीकानेर, कोटा, झालावाड़ आदि रियासतों द्वारा पोथीखानों एवं सूरतखानों की स्थापना की गई जिनमें इनके लेखन, चित्रांकन एवं प्रतिलिपिकरण का कार्य होता था। मेवाड़ नरेश महाराणा कुम्भा (ई.1433-68), बीकानेर नरेश महाराजा अनूपसिंह (ई.1669-98) तथा जोधपुर नरेश महाराजा मानसिंह (ई.1803-43) आदि राजाओं ने अप्नी रियासतों में पुस्तकालयों की स्थापना करके पाण्डुलिपियों एवं चित्रों को संरक्षित किया। उदयपुर का सरस्वती भण्डार पुस्तकालय भी इस दिशा में महत्वपूर्ण कार्य कर रहा था। अलवर तथा कोटा भी इस दिशा में पीछे नहीं थे। फिर भी लाखों पाण्डुलिपियां एवं चित्रमालाएं पूरे प्रदेश में बिखरे पड़े थे। इन्हें सहेजने का कार्य आवश्यक था। अनेक जैन पोथी भण्डारों एवं निजी संग्रहालयों में भी हजारों पाण्डुलिपियां उपलब्ध थीं जो राजस्थान के राजनीतिक, साहित्यिक एवं सांस्कृतिक इतिहास के निर्माण में विश्वसनीय स्रोत बन सकती थीं।

ई.1950 में इस बिखरी हुई हस्तलिखित सामग्री के एकत्रीकरण एवं प्रकाशन के लिए राजस्थान सरकार ने जयपुर में संस्कृत मण्डलान्तर्गत पुरातत्व मन्दिर की स्थापना की और तत्कालीन पुरातत्वाचार्य मुनि श्री जिनविजय को इसके संचालन का दायित्व दिया। मुनि जिनविजय के निर्देशन में अल्पावधि में हजारों की संख्या में ग्रन्थ संग्रहण, सम्पादन, सूचिकरण एवं प्रकाशन का कार्य हुआ। ई.1954 में राज्य सरकार ने संस्कृत मण्डल को भंग करके जनवरी 1956 में इसका पुनर्गठन किया तथा प्राच्य विद्या प्रतिष्ठान अभिधान से एक नवीन स्थाई विभाग की स्थापना की। ई.1958 में इसका मुख्यालय जयपुर से जोधपुर स्थानान्तरित किया गया। इस संस्था के लिए निम्नलिखित उद्देश्य निर्धारित किये गए-

(1.) राजस्थान के भीतर एवं राजस्थान से बाहर उपलब्ध संस्कृत, प्राकृत, अपभ्रंश, हिन्दी, राजस्थानी एवं अन्य भाषाओं के प्राचीन ग्रन्थों की खोज करना तथा उन्हें प्रकाश में लाना।

(2.) प्राचीन हस्तलिखित ग्रन्थों के संग्रह तथा संरक्षण की व्यवस्था करना एवं उपयोगी ग्रन्थों का सम्पादन एवं प्रकाशन करवाना।

(3.) भारतीय भाषाओं एवं मुख्यतः संस्कृत एवं प्राचीन राजस्थानी के अध्ययन, अन्वेषण तथा संशोधन हेतु देश-विदेश में मुद्रित विविध विषयक अलभ्य एवं दुर्लभ सभी प्रकार के ग्रन्थों का संग्रहण करके सन्दर्भ पुस्तकालय स्थापित करना।

(4.) संगृहीत सामग्री से शोधकर्ताओं एवं विद्वानों को उनके अध्ययन एवं शोध में सहायता प्रदान करना।

(5.) राजस्थान के लोक-जीवन पर प्रकाश डालने वाले विविध विषयक लोकगीत, भक्ति-साहित्य आदि से सम्बन्धित सभी प्रकार की सामग्री का शोध, संग्रह, संरक्षण एवं प्रकाशन की व्यवस्था करना।

अधीनस्थ शाखाएं

प्राच्य विद्या प्रतिष्ठान का मुख्यालय जोधपुर में तथा इसके अधीनस्थ छः शाखाएं जयपुर, अलवर, भरतपुर, कोटा, उदयपुर एवं बीकानेर में स्थापित की गईं। जोधपुर स्थित मुख्यालय में शैक्षणिक, तकनीकी, प्रशासनिक एवं अन्य विविध गतिविधियों के संचालन हेतु 10 अनुभाग कार्यरत हैं- (1.) पाण्डुलिपि संग्रह, (2.) विभागीय प्रकाशन, (3.) सन्दर्भ पुस्तकालय, (4.) प्राच्य कला वीथि, (5.) अणुचित्रण एवं ग्रन्थ डिजिटाईजेशन, (6.) ग्रन्थ-संरक्षण प्रकोष्ठ, (7.) स्टोर एवं बिक्री, (8.) बाईण्डिंग, (9.) स्थापना शाखा, (10.) लेखा शाखा।

पाण्डुलिपि संग्रह अनुभाग

प्राच्य विद्या प्रतिष्ठान की सर्वप्रमुख प्रवृत्ति हस्तलिखित ग्रन्थ संग्रह ही है। इसलिए यह अपने स्थापनाकाल से हस्तलिखित ग्रन्थों की खोज एवं संग्रह में संलग्न है। प्रतिष्ठान की स्थापना के बाद राज्य सरकार ने राज्य के समस्त राजकीय पुस्तकालयों में विद्यमान हस्तलिखित ग्रन्थों को प्राच्य विद्या प्रतिष्ठान जोधपुर में स्थानान्तरित कर दिया। इस समय जोधपुर मुख्यालय में लगभग 42 हजार हस्तलिखित ग्रन्थ हैं। ये हस्तलिखित ग्रन्थ, ताड़पत्र, भोजपत्र, चर्मपत्र, काष्ठफलक, कपड़ा एवं कागज पर विद्यमान हैं। भोजपत्रीय दुर्गा सप्तशती (17वीं शताब्दी) एक महत्वपूर्ण रचना है। ताड़पत्रों पर भागवतादि कई ग्रन्थ, चर्मपत्री आर्य महाविद्या 15वीं शताब्दी का एक बौद्ध धार्मिक ग्रन्थ है जिसका लेखन स्वर्णाक्षर में किया गया है। कागदीय आधार पर प्राचीनतम ध्वन्यावलोकलोचन वि.सं. 1204 में प्रतिलिपित होने से अत्यंत महत्वपूर्ण है। काव्यशास्त्र विषयक इस ग्रन्थ के प्रणेता आनन्दवर्धन हैं जिसकी लोचन-टीका अभिनवगुप्त ने की। प्रतिष्ठान में सैंकड़ों चित्रित-ग्रन्थ उपलब्ध हैं, जिनमें राजपूत, कांगड़ा, जम्मू-कश्मीर, पश्चिमी भारतीय शैली एवं राजस्थान की विभिन्न चित्र शैलियों का स्वरूप उपलब्ध हैं। पश्चिमी भारतीय शैली के अनेक विशिष्ठ कल्पसूत्र इस संग्रह की एक विशिष्ठ उपलब्धि हैं। बीकानेर शाखा में भी जैन चित्रित ग्रन्थों का विशाल संग्रह है। उदयपुर शाखा में भी मेवाड़ लघुचित्र शैली पर आधारित कई चित्रित

पाण्डुलिपियां हैं, जिनमें विश्वविख्यात आर्षरामायण एवं गीतगोविन्द की सचित्र प्रतियां सम्मिलित हैं।

विभागीय प्रकाशन

महत्वपूर्ण ग्रन्थों का सम्पादन एवं प्रकाशन इस विभाग की विशिष्ठ प्रवृत्ति है। मुनि जिन विजय ने अप्रकाशित अथवा अल्पज्ञात ग्रन्थों के साधु-सम्पादनार्थ 'राजस्थान पुरातन ग्रन्थमाला' का प्रारम्भ किया। पुरातन ग्रन्थमाला का क्षेत्र अत्यन्त व्यापक है और इसमें प्रायः सभी विषयों से सम्बन्धित सामग्री है। प्रतिष्ठान द्वारा मुद्रित प्रकाशनों में वैदिक ऋषियों पर महर्षिकुलवैभवम्, वैदिक व्याकरण एवं स्वरों पर विशिष्ठ ग्रन्थ पथ्यास्वस्ति, तंत्र मंत्र एवं आगम साहित्य पर आगमरहस्य, सिंहसिद्धान्तसिन्धु, भुवनेश्वरी महास्तोत्र आदि विशिष्ट हैं। बालचिकित्सा के क्षेत्र में बालतंत्र, जयपुर की वेधशाला एवं खगोलशास्त्र पर यंत्रराजरचना, साहित्यशास्त्र एवं काव्य के क्षेत्र में काव्यप्रकाश की संकेत टीका, चक्रपाणिविजय महाकाव्य, हम्मीर महाकाव्य आदि कई महत्वपूर्ण ग्रन्थ हैं। ई.1996 में शत्रुशल्यचरित महाकाव्य का प्रकाशन किया गया जो उस समय तक अज्ञात एवं अप्रकाशित था। मध्यकालीन मारवाड़ के आर्थिक एवं सामाजिक इतिहास के अध्ययन की प्रचुर सामग्री प्रकाशित की गई है। 'मुंहता नैणसी री ख्यात' राजस्थानी के ऐतिहासिक गद्य का प्रथम उदाहरण माना जाता है। 'मारवाड़ रा परगना री विगत' मध्यकालीन अर्थव्यवस्था के अध्ययन के लिए अत्यन्त महत्वपूर्ण है। मारवाड़ के ख्यात साहित्य में नैणसी री ख्यात के अलावा महाराजा मानसिंह री ख्यात, महाराजा विजयसिंह री ख्यात, बांकीदास री ख्यात आदि कई महत्वपूर्ण ख्यातें इस विभाग से प्रकाशित हुई हैं। प्रतिष्ठान की इस ग्रन्थमाला के अधीन 213 ग्रन्थों का प्रकाशन किया गया है। यह कार्य निरंतर जारी है। त्रैमासिक शोध पत्रिका में भी काफी ज्ञानवर्धक सामग्री प्रकाशित की गई है। डॉ. फतेहसिंह ने अपने निदेशकीय काल में सिन्धुघाटी लिपि का 'ब्राह्मण एवं उपनिषद् साहित्य' के आधार पर पढ़ने का प्रयास किया। आधुनिक विश्व को इस सांकेतिक लिपि का वैदिक दृष्टि से परिचय कराने का श्रेय इसी विभाग को है।

16वीं शताब्दी के विख्यात वांग्गेयकार पुण्डरीक विट्ठल के सद्राग चन्द्रोदय, नर्तन निर्णय, रागमाला, रागमंजरी आदि 6 ग्रन्थों का मूलपाठ विस्तृत भूमिका के साथ प्रकाशित किया गया है जो संगीत एवं कला के क्षेत्र की महान् उपलब्धि है। चौहान शासकों पर विभाग द्वारा वर्ष 1997 में 'हमीर महाकाव्य' का हिन्दी अनुवाद प्रकाशित करवाया गया। खेम कवि रचित 'हमीरायण' तथा 'शत्रुशल्यचरित' का प्रकाशन भी उल्लेखनीय योगदान कहे जा सकते हैं क्योंकि 'शत्रुशल्यचरित' में बूंदी के चौहान शासक राव रतन एवं शत्रुशल्य द्वारा बुरहानपुर, बलोचपुर एवं दौलताबाद आदि स्थानों पर लड़े गए युद्धों का वर्णन है। मेवाड़ के अप्रकाशित ऐतिहासिक काव्य 'राजरत्नाकर' भी प्रकाशित करवाया गया है। इस ग्रन्थ में महाराणा राजसिंह (ई.1652-80) के काल की अनेक घटनाओं एवं राजसमुद्र झील के निर्माण का ऐतिहासिक वर्णन उपलब्ध है।

17वीं शताब्दी के शेखावटी के नवाब जान न्यामत खां, हिन्दी एवं ब्रज के उत्कृष्ट कवि थे। उन्होंने 78 रचनाएं लिखीं। ई.2003 में इस कवि की तीन रचनाएं कथा रूपमंजरी, कथा

कामरानी एवं कथा तमीम अंसारी हिन्दी अनुवाद एवं आलोचनात्मक अध्ययन के साथ प्रतिष्ठान पत्रिका विशेषांक में प्रकाशित की गईं। हिन्दी साहित्य के इस उपेक्षित कवि की एक रचना क्याम खां रासा वर्ष 1954 में इसी विभाग द्वारा प्रकाशित करवाई गई थी। ई.2004 में जान ग्रन्थावली प्रेमाख्यान के अन्तर्गत कथा कनकावती, कथा कौतूहली एवं कथा मधुकर मालती का प्रकाशन हिन्दी अनुवाद सहित करवाया गया। ई.2005 में कथा सीलवंती, कथा अरदेसर पातिसाह, बलूकिया विरही, लैलै मजंनू, कथा कंवलावती, पुहपवरिखा, कथा संतवती तथा कथा कामलता जान ग्रन्थावली भाग-4 प्रकाशित हुए। ई.2010 में आयुर्वेद पर एक विशेषांक प्रकाशित करवाया गया।

सन्दर्भ पुस्तकालय

शोधार्थियों को शोध कार्य एवं अध्ययन हेतु हस्तलिखित एवं मुद्रित ग्रन्थ उपलब्ध हो सकें इसके लिए इतिहास और भाषा विषयक सन्दर्भ पुस्तकालय स्थापित किया गया है। विभिन्न विषयों की शोध पत्रिकाएं तथा अनेक दुर्लभ पुस्तकें इस पुस्तकालय में उपलब्ध कराई गई हैं। वर्तमान में यहाँ लगभग 29 हजार मुद्रित पुस्तकें संगृहीत हैं।

ग्रन्थ सर्वेक्षण योजना

राष्ट्रीय पाण्डुलिपि मिशन नई दिल्ली के आर्थिक सहयोग से विभाग में ई.2003 से ग्रन्थ सर्वेक्षण योजना संचालित की जा रही है। इस योजना के अन्तर्गत जोधपुर, बीकानेर, डीडवाना, उदयपुर, कानोड़, राजसमन्द, कुम्भलगढ़, शिवगंज, चित्तौड़गढ़, शाहपुरा, भीलवाड़ा, कपासन, कोटा, बूंदी, बारां, करवड़, सवाईमाधोपुर, करौली, अजमेर, जयपुर, सीकर, फतेहपुर, अलवर, तिजारा, कुम्हेर, भरतपुर, डीग, कामां, चूरू, धौलपुर, हिण्डौन, सिरोही, साबला, आऊआ, शेषपुर आदि स्थानों के हस्तलिखित ग्रन्थ भण्डारों में एक लाख नवीन ग्रन्थों का पता लगाया गया। राज्य के अन्य स्थानों पर भी सर्वेक्षण कर नवीन ग्रन्थों का पता लगाया जा रहा है।

संगोष्ठियों, व्याख्यानमालाओं तथा चित्रित-ग्रन्थ प्रदर्शनियों का आयोजन

प्राच्य विद्या प्रतिष्ठान द्वारा शैक्षिक महत्व के विषयों पर राष्ट्रीय संगोष्ठियों एवं चित्रित ग्रन्थों की प्रदर्शनी का आयोजन किया जाता है। विभाग द्वारा पण्डित मधुसूदन ओझा की सारस्वत साधना, राजस्थान का संत साहित्य, राजस्थान का नाथ साहित्य, राजस्थान का ऐतिहासिक संस्कृत साहित्य, राजस्थान के ऐतिहासिक भाषा काव्य तथा राजस्थान का ऐतिहासिक गद्य साहित्य पर राष्ट्रीय संगोष्ठियों का आयोजन कर उनकी कार्यवाहियों को पुस्तकाकार प्रकाशित किया गया है। राष्ट्रीय पाण्डुलिपि मिशन नई दिल्ली के सौजन्य से वर्ष 2003 से वर्ष 2012 तक जोधपुर, उदयपुर, अलवर, बीकानेर, भरतपुर, जयपुर, कामां, चितौड़गढ़ एवं कोटा में लघुचित्रित ग्रन्थों की प्रदर्शनी का आयोजन किया गया। जनवरी 2012 में पाण्डुलिपि पठन एवं परिरक्षण पर दस दिवसीय कार्यशाला आयोजित कर शोधार्थियों को ग्रन्थ सामग्री से अवगत करया गया।

ग्रन्थ-संरक्षण प्रकोष्ठ

प्राच्य विद्या प्रतिष्ठान द्वारा जीर्ण-शीर्ण हस्तलिखित ग्रन्थों का वैज्ञानिक दृष्टि से जीर्णोद्धार एवं संरक्षण करने के लिए कन्जर्वेशन लेबोरेट्री बनाई गई है। हस्तलिखित ग्रन्थों का वैज्ञानिक विधि से संग्रहण कर पुरा धरोहर को संरक्षित करना प्राच्य विद्या प्रतिष्ठान की मुख्य गतिविधि है। इस हेतु संरक्षण प्रयोगशाला के माध्यम से जीर्ण-शीर्ण पत्रों की मरम्मत तथा डीएसिडिफिकेशन आदि माध्यमों से ग्रन्थ उपचारित किये जाते हैं। वर्ष 2003 से राष्ट्रीय पाण्डुलिपि मिशन की योजना में निरोधात्मक एवं क्रियात्मक संरक्षण के अन्तर्गत जीर्ण पत्रों का उपचार किया जा रहा है। ग्रन्थों के सरंक्षण की प्राचीन एवं अभिनव विधियों पर राष्ट्रीय कार्यशाला आयोजित करवाई गई जिसमें प्रतिभागियों को ग्रन्थ संरक्षण की नवीन विधियों क्री सैद्धान्तिक एवं प्रायोगिक जानकारी दी गई। हस्तलिखित ग्रन्थों को लाल बस्तों से आवेष्टित किया गया है।

डिजिटाईजेशन

हस्तलिखित ग्रन्थों एवं सन्दर्भित पुस्तकों के डिजिटल फोटो देने की सुविधा उपलब्ध करवाई गई है। जुलाई 2008 में विभाग के हस्तलिखित ग्रन्थों के डिजिटाईजेशन की योजना में 68 लाख रुपए की लागत से एवं राष्ट्रीय पाण्डुलिपि मिशन, नई दिल्ली के सौजन्य से डिजिटाईजेशन कार्य प्रारम्भ किया गया। जिसके अन्तर्गत निदेशालय जोधपुर के लगभग 45000 ग्रन्थों के 37 लाख पत्रों का डिजिटाईजेशन कार्य किया जा चुका है। ग्रन्थों के डिजिटाईज्ड होने के बाद शोध अध्येताओं को कम्प्यूटर पर ग्रन्थों के पठन की सुविधाएं उपलब्ध करवाई जा रही है।

जयपुर शाखा

प्राच्य विद्या प्रतिष्ठान के जोधपुर मुख्यालय की स्थापना से पहले, जयपुर में ही इस संस्थान का मुख्य कार्यालय कार्यरत था। पं. पुरोहित हरिनारायण विद्याभूषण ने इस संस्था को 829 हस्तलिखित ग्रन्थ भेंट किये। स्थानीय पब्लिक लाइब्रेरी, पं. लक्ष्मीनारायण दाधीच आदि अनेक विद्वानों ने भी ग्रंथ भेंट करके इस संग्रह को आगे बढ़ाया। वर्तमान में इस संग्रह में 13 हजार 47 हस्तलिखित ग्रन्थ हैं तथा यह संग्रह, सन्त साहित्य की दृष्टि से समृद्ध है।

अलवर शाखा

प्राच्यविद्या प्रतिष्ठान की अलवर शाखा के इस संग्रह का मूल नाम पुस्तकशाला था जो महाराजा विनयसिंह (1815-1857 ई.) द्वारा 1040 हस्त लिखित ग्रन्थों के संग्रह के साथ आरम्भ की गई थी। अलवर शाखा धर्मशास्त्र एवं वेदान्त-साहित्य की दृष्टि से महत्वपूर्ण है। तर्कशास्त्र, मंत्रशास्त्र, ज्योतिष एवं साहित्य ग्रंथ उपलब्ध हैं। वैदिक्र शांखायन एवं आश्वलायन संहिता इस संग्रह के गौरव ग्रन्थ हैं। इस संग्रह में वर्तमान में 7 हजार 559 हस्तलिखित ग्रन्थों का संग्रह है।

उदयपुर शाखा

यह संग्रहालय मेवाड़ रियासत के अंतर्गत सज्जन वाणी-विलास के नाम से संचालित होता था। इस संग्रहालय के विकास में चित्तौड़गढ़ के महाराणा कुम्भा (ई.1433-68), महाराणा जगतसिंह (ई.1628-52), महाराणा स्वरूपसिंह (ई.1842-61) तथा महाराणा सज्जनसिंह (ई. 1874-84) का बड़ा योगदान है। ई.1950-51 में विक्टोरिया हॉल पुस्तकालय की उपलब्ध सामग्री को भी इसमें सम्मिलित कर इसे सरस्वती भवन पुस्तकालय नाम दिया गया। ई.1961 में इस पुस्तकालय की हस्तलिखित सामग्री से राजस्थान प्राच्य विद्या प्रतिष्ठान, उदयपुर शाखा की स्थापना की गई। इस शाखा कार्यालय के संस्कृत, प्राकृत एवं हिन्दी राजस्थानी के सभी सूचि पत्र प्रकाशित किये जा चुके हैं। उदयपुर शाखा में 6 हजार 910 ग्रन्थों का संग्रह है।

चितौड़गढ़ ग्रन्थ संग्रह

मुनि जिनविजय के प्रयत्नों से इस शाखा की स्थापना ई. 1962-63 में हुई। इस शाखा के समस्त हस्तलिखित ग्रन्थ दान में प्राप्त हैं। समग्र ग्रन्थों की कुल संख्या 5 हजार 456 है। साथ ही 1 हजार 886 मुद्रित पुस्तकें एवं 425 पत्र-पत्रिकाएं उपलब्ध हैं। चितौड़गढ़ शाखा के ग्रन्थ भी उदयपुर प्राच्य विद्या प्रतिष्ठान ले जाए गए हैं।

बीकानेर शाखा

बीकानेर शाखा में संग्रह किए गए सम्स्त ग्रंथ भेंट से प्राप्त हैं। इस संग्रह में 29 हजार 429 हस्तलिखित ग्रन्थों एवं संस्कृतियों का संग्रह है। पश्चिमी भारतीय शैली में चित्रित जैन कल्पसूत्र एवं जैन लघु चित्रशैली के कई महत्वपूर्ण ग्रन्थ इस शाखा में उपलब्ध हैं।

कोटा शाखा

राजस्थान प्राच्य विद्या प्रतिष्ठान की कोटा शाखा को सरस्वती भण्डार के नाम से जाना जाता था। कोटा महाराव दुर्जनशाल (ई.1723-56) संस्कृत भाषा के प्रकाण्ड पण्डित थे। उन्होंने वल्लभ सम्प्रदाय के अनेक ग्रन्थों की रचनाएं करवाई। महाराव उम्मेदसिंह (ई.1771-1819) के काल में भी सरस्वती भण्डार को काफी प्रोत्साहन मिला। प्राच्य विद्या प्रतिष्ठान की शाखा स्थापना के समय सरस्वती भण्डार के 6 हजार हस्तलिखित ग्रन्थों में से 4 हजार 834 ग्रन्थ स्थानान्तरित कर दिये गये। शेष आज भी माधोसिंह म्यूजियम एवं कोटा म्यूजियम में उपलब्ध हैं। वर्तमान में कोटा शाखा में 9 हजार 966 ग्रन्थ उपलब्ध हैं।

भरतपुर शाखा

राजस्थान प्राच्य विद्या प्रतिष्ठान की भरतपुर शाखा में भरतपुर, कामां, डीग, करौली एवं अन्य स्थानों के विभिन्न ग्रंथ-संग्रहकर्ताओं एवं विद्वानों से भेंट में प्राप्त किए गए हैं। इस शाखा की स्थापना ई.1985 में की गई। वर्तमान में यहाँ 10 हजार से अधिक ग्रन्थों का संग्रह है। इस

संग्रह के हिन्दी-राजस्थानी तथा संस्कत-प्राकृत ग्रन्थों के तीन सूचिपत्र प्रकाशित किए गए हैं। ब्रज साहित्य का संग्रह प्रचुर मात्रा में उपलब्ध है।

मुख्यालय आर्ट गैलेरी

जोधपुर आने वाले देशी-विदेशी पर्यटकों को अमूल्य साहित्यिक धरोहर से परिचित कराने के उद्देश्य से प्राच्य विद्या प्रतिष्ठान जोधपुर में अभिनव आर्ट गैलेरी स्थापित की गई है। इसमें प्रदर्शित निम्नलिखित सामग्री विशेष रूप से उल्लेखनीय हैं-

(1.) पाल, राजपूत, कांगड़ा, पश्चिमी भारतीय, जम्मू कश्मीर, दक्षिण भारतीय तथा राजपूताना के शासकों शासकों के संरक्षण में पल्लवित लघुचित्र शैलियों के ग्रन्थ।

(2.) पन्चपाठ, द्विपाठ एवं त्रिपाठ (ग्रन्थ लेख शैली के निदर्शन) के हस्तलिखित ग्रन्थ।

(3.) विश्व विख्यात आर्ष रामायण एवं गीतगोविन्द सचित्र।

(4.) वि.सं.1485 का कागदीय आधार पर सोमसुन्दर सूरि के आदेश से प्रतिलिपित स्वर्णमसि का चित्रित कल्पसूत्र।

(5.) पाल शैली का उत्कृष्ट निदर्शन चर्मपत्रीय आर्य महाविद्या।

(6.) सूक्ष्माक्षरीय भागवत गीता आदि कई ग्रन्थ जिन्हें लेंस की सहायता से ही पढ़ा जा सकता है।

(7.) अगणित भुजाओं में सहस्रों मंत्र-यंत्रों से सुसज्जित देवी चण्डिका का वृहद् चित्र।

(8.) ब्रह्माण्ड वर्णन का वृहदाकार पट चित्र।

(9.) दुर्लभ जैन क्षमापना पत्र (विज्ञप्ति पत्र) एवं सचित्र 314 फुट लम्बी जन्म-पत्रियां।

(10.) विद्या, यश, अर्थ एवं आरोग्य प्रदान करने वाले सर्वतोभद्र, मणिभद्र, सूर्यप्रताप, गायत्री कामधेनु, गोपाल पूजन, कर्पूरचक्रादि एवं पीरनामा आदि हिन्दू एवं परशियन यन्त्र।

(11.) विशाल रंगीन पेनल्स में विभिन्न ग्रन्थों के आधार, प्रकार, विभिन्न लिपियां एवम् चित्र शैलियों के निदर्शन एवं विभागीय प्रकाशन।

राजस्थान के प्राचीन साहित्य, इतिहास, चित्रकला, आयुर्वेद, शिल्पशास्त्र, धर्म, दर्शन, रियासती रीति-रिवाज आदि के प्राचीन ग्रंथों एवं पाण्डुलिपियों के अवलोकन एवं अध्ययन के लिए राजस्थान प्राच्य विद्या प्रतिष्ठान विश्व भर में बेजोड़ है।

❑❑❑

अध्याय - 6

मौलाना अबुल कलाम आजाद अरबी-फारसी शोध संस्थान, टोंक

टोंक रियासत के तीसरे नवाब मोहम्मद अली खाँ ने अपने महल में बड़ी संख्या में हस्तलिखित पोथयां संगृहीत कीं। अंग्रेज सरकार ने इस नवाब को रियासत से निष्कासित करके बनारस भेज दिया था किंतु बाद के नवाबों के समय भी पाण्डुलिपियों का यह संग्रह बना रहा। जब राजपूताना रियासतों का विलय राजस्थान में हुआ, तब हस्तलिखित पोथियों का यह मूल्यवान संग्रह जिला सईदिया पुस्तकालय को स्थानांतरित किया गया। ई.1961 में इसे राजस्थान प्राच्य विद्या प्रतिष्ठान की टोंक शाखा के रूप में स्थापित किया गया। राज्य भर में फैले राजकीय पुस्तकालयों और संग्रहालयों में बड़ी संख्या में उपलब्ध अरबी-फारसी के हज़ारों ग्रन्थों को इस संस्थान में हस्तान्तरित कर दिया गया। इन संग्रहों को अलवर संग्रह, भरतपुर संग्रह, जयपुर संग्रह, उदयपुर संग्रह और झालावाड़ संग्रह के नाम से संरक्षित किया गया।

ई.1978 में राज्य सरकार द्वारा इस संग्रह के लिए 'अरबी-फारसी रिसर्च सेन्टर' के नाम से अलग निदेशालय बनाया गया। साहिबज़ादा शौकत अली खाँ को इसका प्रथम निदेशक नियुक्त किया गया। राजस्थान सरकार ने इस संस्थान के लिए नवीन भवन का निर्माण करवाया ताकि इस

दुर्लभ साहित्य को आधुनिक संसाधनों के साथ सुरक्षित रखा जा सके। ई.1989 में मौलाना अबुल कलाम आज़ाद शताब्दी समारोह के दौरान राज्य सरकार ने इस संस्थान का नाम बदलकर 'मौलाना अबुल कलाम आज़ाद अरबी-फारसी शोध संस्थान' कर दिया।

वर्तमान में यह संस्थान, टोंक जिला मुख्यालय पर स्थित है तथा सरकार द्वारा स्थापित अन्तर्राष्ट्रीय ख्याति प्राप्त संस्थान है। यह संस्थान 1,26,000 वर्गफुट क्षेत्रफल में स्थित है। 7,173 वर्ग फुट क्षेत्र में मुख्य भवन एवं 6,315 वर्ग फुट क्षेत्र में स्कॉलर्स गेस्ट हाउस बना हुआ है जिसमें 8 कमरों के साथ डाइनिंग हॉल, विजीटिंग हॉल आदि की व्यवस्था है। संस्थान में संधारित साहित्य में 8,053 दुर्लभ हस्तलिंखित ग्रन्थ, 27,785 मुद्रित पुस्तकें, 10,239 क़दीम रसाइल, 674 फ़रामीन एवं भूतपूर्व रियासत टोंक के महकमा शरीअत के 65,000 फैसलों की पत्रवलियों के साथ-साथ हज़ारों अनमोल अभिलेख, प्रमाण-पत्र तुग़रे और वसलियां उपलब्ध हैं। यह साहित्यिक धरोहर पांचवी सदी हिजरी से वर्तमान समय के लेखन, प्रकाशन और उनके अनुवादों पर आधारित है। इनमें क़ुरआन, क़रिअत, फ़िक़ह, तसव्वुफ़, फ़लसफ़ा, मन्तिक़, सीरत, तारीख़, तिब, नुजूम और अदब आदि विषयों के साथ-साथ बुज़ुर्गाने दीन के मलफ़ूज़ात शामिल हैं।

यह संस्थान अपने दुर्लभ एवं अद्‌भुत साहित्य के लिए विश्व प्रसिद्ध है। यहाँ हिस्टोरियोग्राफी, ओरियन्टोलोजी एवं इस्लामिक स्टडीज पर अमूल्य एवं दुर्लभ सामग्री संग्रहित है। इसके अतिरिक्त विभिन्न विषयों जैसे सूफिज्म, उर्दू, अरबी एवं फारसी साहित्य, केटेलाग्स, यूनानी चिकित्सा, स्वानेह हयात (आत्म कथा), मध्यकालीन इतिहास, स्वतन्त्रता संग्राम सम्बन्धी साहित्य, ख़त्ताती, रीमिया, कीमिया, सीमिया, दर्शनशास्त्र, तर्कशास्त्र, विधिशास्त्र, मन्तिक़, विज्ञान एवं शिकार आदि विषयों पर विपुल साहित्य उपलब्ध है।

इस संस्थान को समृद्ध बनाने के लिए राज्य सरकार ने प्रदेश भर में निजी स्वामित्व में रखे विपुल साहित्य को धन देकर खरीदा। बहुत से विद्वानों ने इस संस्थान को हस्तलिखित पोथयां एवं मुद्रित साहित्य भेंट में भी दिया जिन्हें उन्हीं के नाम से अलग संग्रह के रूप में संरक्षित किया गया है। इसमें शागि़ल कलक्शन जयपुर, जोहर कलक्शन टोंक, पंडित राम निवास नदीम कलक्शन टोंक, मौलाना उबेद अरब कलक्शन भोपाल, चांद बिहारी लाल सबा कलक्शन जयपुर, मौलवी हकीम मौहम्मद अहमद कलक्शन टोंक एवं कैप्टिन साहिबज़ादा एम. शमशेर ख़ान शाहीन कलक्शन आदि प्रमुख हैं।

❑❑❑

अध्याय - 7

प्रताप शोध प्रतिष्ठान एवं भूपाल नोबल्स संग्रहालय, उदयपुर

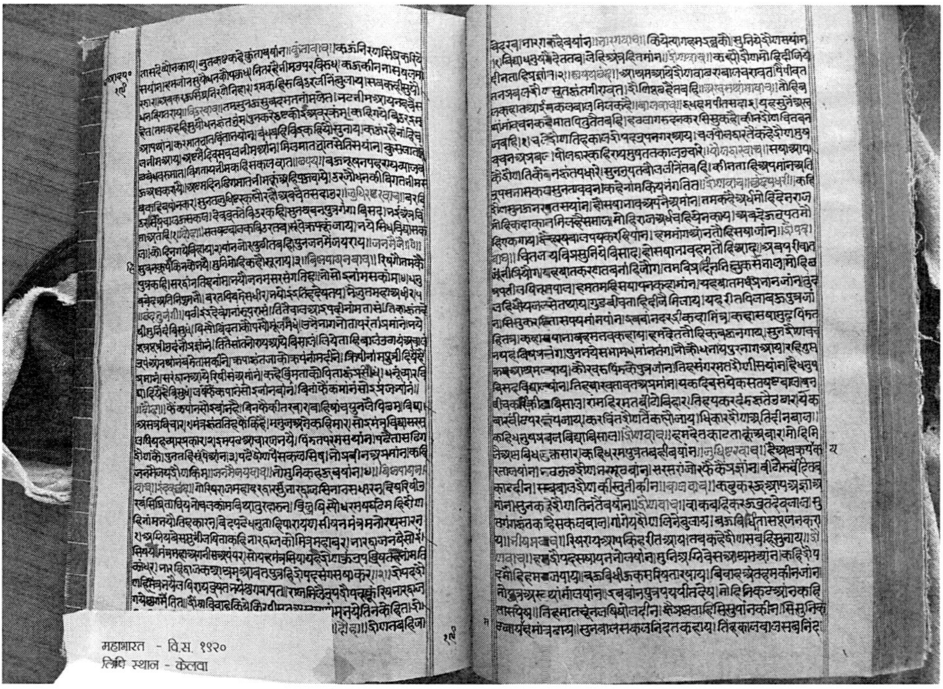

भूपाल नोबेल महाविद्यालय उदयपुर परिसर में स्थित प्रताप शोध प्रतिष्ठान में रियासती काल का महत्वपूर्ण अभिलेख संरक्षित है। यह अभिलेख मुख्यत: मेवाड़ रियासत के विभिन्न ठिकानों से सम्बन्धित है। प्रताप शोध प्रतिष्ठान की स्थापना ई.1967 में हुई थी। इसकी स्थापना का उद्देश्य इतिहास, साहित्य, संस्कृति एवं कला आदि विषयों में शोध कार्य हेतु मूल अभिलेख उपलब्ध करवाना है। विगत 50 वर्षों में यह संस्थान अनुसन्धान सामग्री उपलब्ध करवाने वाले महत्वपूर्ण केन्द्र के रूप में देश भर में ख्याति प्राप्त कर चुका है। प्रतिष्ठान द्वारा कई हजार अभिलेखीय

बहियों, पट्टों परवानों, दस्तावेजों एवं प्राचीन ग्रन्थों का संग्रह किया गया है। उच्च अनुसन्धान कार्य में रुचि रखने वाले 3500 से अधिक शोधार्थियों द्वारा इस केन्द्र में संगृहीत सामग्री पर शोध कार्य किया जा चुका है। प्रताप-शोध प्रतिष्ठान द्वारा मज्झमिका नामक शोध पत्रिका का प्रकाशन भी किया जाता है। यह पत्रिका ई.1967 में स्थापित की गई थी। इसके 50 अंकों का प्रकाशन किया जा चुका है। संस्थान द्वारा अनेक ऐतिहासिक ग्रंथों एवं शोध ग्रंथों का प्रकाशन भी किया गया है।

भूपाल नोबल्स संग्रहालय

भारतीय कला और संस्कृति को सरंक्षण देने के उद्देश्य से प्रताप शोध प्रतिष्ठान द्वारा भूपाल नोबल्स संग्रहालय की स्थापना की गई है। संग्रहालय में आधारभूत सामग्री प्राप्त करने हेतु प्रदेश की पूर्व रियासतों, पूर्व ठिकानों, प्रतिष्ठित घरानों, देवमन्दिरों, जैन उपासरों एवं आदिवासी अचंलों में बिखरी ऐतिहासिक सामग्री जुटाई गई है। संग्रहालय में सैकड़ों मध्यकालीन एवं आधुनिक काल के चित्रों तथा विविध कला-सामग्री का संग्रहण एवं प्रदर्शन किया गया है। इनमें हिन्दू नरेशों, विख्यात योद्धाओं, प्रमुख स्वतन्त्रता सेनानियों, साहित्यकारों, संतों सामाजिक रीति-रिवाजों एवं परम्पराओं आदि के 300 से अधिक तैलचित्र सम्मिलित हैं। राजस्थान के ऐतिहासिक स्थलों एवं विख्यात युद्ध-दृश्यों के बड़े आकार के कई चित्र प्रदर्शित किए गए हैं। भक्त शिरोमणि मीरांबाई का ऐतिहासिक तैलचित्र और महाराणा भूपालसिंह (ई.1930-56) की पाषण प्रतिमाएँ भी प्रदर्शित हैं। ऐतिहासिक पोशाकों एवं विभिन्न प्रकार के अस्त्र-शस्त्रों के साथ-साथ विभिन्न प्रकार के उपकरणों, मूर्तियों, शिलालेखों, ताम्रपत्रों तथा ताड़पत्रों का भी संग्रह किया गया है।

ग्रन्थालय

प्रतिष्ठान द्वारा अंचल का सर्वेक्षण कर इतिहास, साहित्य, संस्कृति, ज्योतिष, आयुर्वेद, गणित, भूगोल एवं अर्थशास्त्र आदि विषयों के ग्रन्थों की खोजकर उनको समूल्य अथवा भेंट में प्राप्त किया गया है। केन्द्र में प्राप्त पाण्डुलिपियों एवं ग्रंथों को उचित रख-रखाव एवं मरम्मत के पश्चात्, अनुसंधान हेतु शोधार्थियों को उपलब्ध कराया जाता है। केन्द्र में 16वीं से 20वीं शताब्दी की अनेक दुर्लभ पाण्डुलिपियाँ सुरक्षित हैं। बनेड़ा से पं. रविशंकर देराश्री संग्रह की पाण्डुलिपियों का भी केन्द्र के ग्रंथालय में संग्रहण, परिरक्षण एवं सूचिकरण किया गया है।

पुस्तकालय

प्रताप शोध प्रतिष्ठान के सन्दर्भ पुस्तकालय का नाम राजस्थान के प्रथम अंग्रेज इतिहासकार कर्नल जेम्स टॉड के नाम पर 'टॉड पुस्तकालय' रखा गया है। इसमें इतिहास, साहित्य, कला, संस्कृत, हिन्दी अंग्रेजी एवं राजस्थानी भाषा की लगभग 10 हजार पुस्तकों का दुर्लभ संग्रह है। ब्रिटिशकाल में प्रकाशित सचित्र बड़ी पुस्तकों का दुर्लभ संग्रह भी उपलब्ध है। विगत 100 वर्षो में विभिन्न संस्थाओं द्वारा प्रकाशित विभिन्न शोध पत्रिकाओं के सम्पूर्ण अंक भी सुरक्षित हैं। शोधार्थियों की सहायता के लिए इन पत्रिकाओं में प्रकाशित आलेखों की सूचि तैयार की गई है। पुस्तकालय की सामग्री में अधिकांश सामग्री सौ से एक सौ पचास वर्ष पुरानी है।

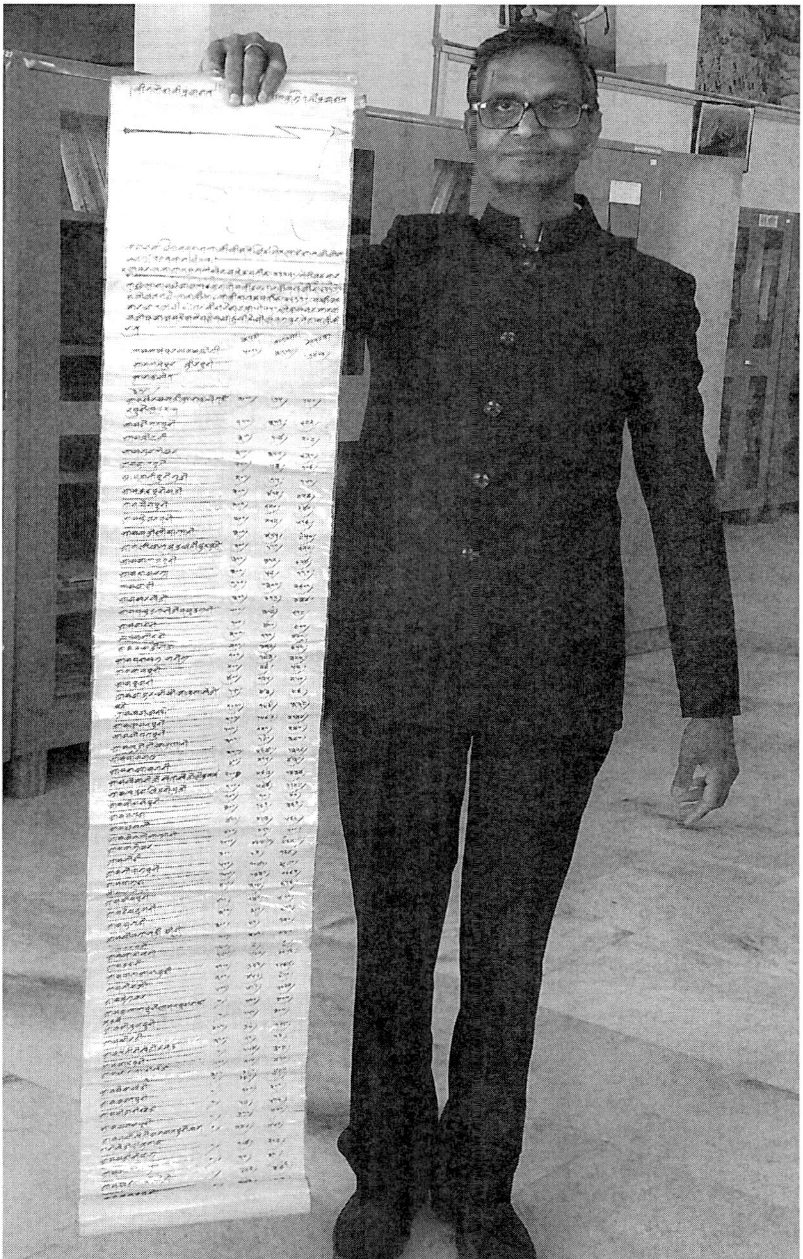

ओझा संग्रह में पं. गौरीशंकर हीराचन्द ओझा के निजी संग्रह की लगभग तीन हजार दुर्लभ पुस्तकें तथा प्रो. धर्मपाल शर्मा के निजी संग्रह से प्राप्त इतिहास एवं साहित्य की लगभग दो सौ दुर्लभ पुस्तकें संगृहीत की गई हैं। केन्द्र में आने वाले शोधार्थियों को अध्ययन, जलपान, आवास एवं टेलीफोन आदि की सुविधाएं निःशुल्क उपलब्ध कराई जाती हैं। उन्हें शोध सामग्री की छायाप्रतियां, कम्प्यूटर सुविधा, माईक्रोफिल्म-रीडर तथा, फोटोग्राफर सुविधा भी उपलब्ध कराई जाती है। साथ ही शोधार्थियों को पत्राचार के माध्यम से भी शोध सामग्री भेजी जाती है।

पुरालेखागार

राजस्थानी की पूर्व रियासतों की अधिकांश अभिलेखीय सामग्री राष्ट्रीय, राज्य एवं निजी अभिलेखागारों में सुरक्षित है परन्तु इन राज्यों के अधीनस्थ सामन्तों, ठिकानों, श्रेष्ठि परिवारों, प्रतिष्ठित घरानों, व्यवसायियों तथा तीर्थस्थलों की अभिलेखीय सामग्री के संरक्षण की दिशा में बहुत कम काम हुआ है। प्रताप शोध प्रतिष्ठान ने राजस्थान एवं इसके पड़ौसी राज्यों के ठिकानों, घरानों एवं संस्थाओं से संपर्क कर महत्वपूर्ण अभिलेखीय सामग्री प्राप्त की है। इस अभिलेख को वैज्ञानिक विधि से श्रेणीबद्ध करके शोधार्थियों के लिए उपयोगी बनाया गया है। पुरालेखीय सामग्री में विभिन्न पक्षों के तत्कालीन राजनैतिक सम्बन्धों तथा आर्थिक, सामाजिक, न्यायिक, प्रशासनिक एवं सांस्कृतिक क्रिया-कलापों का प्रामाणिक दिग्दर्शन होता है। इन अभिलेखों से शासक, ठिकानेदार, प्रशासनिक कर्मचारी, आम जनता के सम्बन्धों एवं रीति-नीति की जानकारी मिलती है। प्रत्येक ठिकाने, घराने संस्थान से प्राप्त अभिलेखों को अलग-अलग कक्षों में सुरक्षित किया गया है। प्रतिष्ठान के अभिलेखागार में मुख्यतः निम्नलिखित ठिकानों एवं घरानों की सामग्री संगृहीत है-

(1.) बनेड़ा दानपत्र-संग्रह : देराश्री संग्रह में मूलतः बनेड़ा के दानपत्रों का संग्रह है। आजीविका हेतु दान में दी गई भूमि के लिए अभिलेखों में ग्रास, सांसण एवं डोहली शब्द प्रयुक्त हुए हैं। ग्रास शब्द का आशय आजीविका से है। ब्राह्मण एवं चारण जाति के लोगों के अतिरिक्ति राजपूतों को भी ग्रास के रूप में गांव दिए जाते थे। चारणों, भाटों एवं सन्यासियों को दान एवं इनाम में प्रदान की गई भूमि सासण कहलाती थी। ब्राह्मणों को दान में दी गई भूमि को डोहली कहा जाता था। इन अभिलेखों से ज्ञात होता है कि मेवाड़ के महाराणाओं की तरह बनेड़ा जैसे बड़े ठिकानेदारों की ओर से भी गांव और भूखण्ड दान में दिए जाते थे। इसके लिए पहले कागज पर कच्चा पट्टा तैयार किया जाता था और फिर उसे ताम्रपत्र पर उत्कीर्ण किया जाता था। इन ताम्रपत्रों के साथ-साथ उपत भी अंकित की जाती थी।

भूमि किस प्रकार की है, जैसे माल (रहट से सिंचाई करने वाली भूमि), मगरा (कठोर भूमि), गोरमा (गांव के निकट की भूमि), आदि का भी उल्लेख किया जाता था। सांसण उपभोक्ताओं को बगीचा लगाने एवं बावड़ी खुदवाने के आदेश भी दिए जाते थे।

(2.) ठिकाना भीण्डर संग्रह : भीण्डर के पूर्व जागीदार, महाराणा प्रताप (ई.1572-97) के छोटे भाई शक्तिसिंह के वंशज हैं जो शक्तावत कहलाते हैं। इनकी उपाधि महाराज थी। ये मेवाड़ राज्य के प्रथम श्रेणी के उमराव थे। प्रतिष्ठान में भीण्डर ठिकाने की वि.सं. 1915 से 2007 तक की 199 बहियां सुरक्षित हैं।

(3.) ठिकाना पीपल्या संग्रह : वर्तमान में मध्यप्रदेश में स्थित पीपल्या ठिकाना मेवाड़ रियासत के द्वितीय श्रेणी जागीदारों में था। पीपल्या के पूर्व ठिकाणेदार, महाराणा प्रताप (ई. 1572-97)के अनुज शक्तिसिंह के पुत्र राजसिंह के द्वितीय पुत्र कल्याणसिंह के वंशज हैं। इस ठिकाने की वि.सं. 1841 से 1999 तक की 220 बहियाँ एवं पट्टे-परवानें प्रतिष्ठान में संगृहीत हैं।

(4.) ठिकाना अठाणा संग्रह : अठाणा की जागीर चूण्डावत रावत सवाई मेघसिंह को दी गई थी। आठणा के जागीरदार उसी के वंशज थे। अठाणा पूर्व में मेवाड़ में था किन्तु मराठा काल में यह सिंधिया के अधीन चला गया। वर्तमान में यह मध्यप्रदेश राज्य में है। यहाँ की सामाजिक, आर्थिक एवं राजनैतिक व्यवस्था मेवाड़ी एवं मालवी मिश्रित रही। इस ठिकाने की वि.सं.1841 से 2025 तक की 888 बहियाँ संगृहीत हैं।

(5.) ठिकाना गोगून्दा संग्रह : गोगून्दा उदयपुर से 35 कि.मी. उत्तर-पश्चिम में स्थित है। यहाँ के ठिकाणेदार, झाला राजपूत थे। उन्हें 'राजराणा' की उपाधि प्राप्त थी। यह प्रथम श्रेणी (उमराव) का ठिकाना था। 16वीं शताब्दी के प्रथम दशक में हलवद (काठियावाड़) के राजा राजसिंह के दो पुत्र अज्जा एवं सज्जा मेवाड़ के महाराणा रायमल (ई.1473-1509) के पास आए। महाराणा ने उन्हें जागीर देकर अपना सामन्त बनाया। इस ठिकाने की 2 बहियों, तवारीख और हस्तलिखित ग्रंथों में वि.सं.1871 से 2024 तक की घटनाओं का सविस्तार वर्णन है।

(6.) ठिकाना विजयपुर संग्रह : विजयपुर ठिकाणे के जागीरदार बान्सी के राव नरहरदास के चौथे पुत्र विजयसिंह के वंशज थे। ये द्वितीय श्रेणी के जागीदार थे। विजयसिंह का वंशधर नवलसिंह हुआ। प्रताप शोध प्रतिष्ठान में विजयपुर ठिकाणे के वि.सं.1700 से 2000 तक के 105 पट्टे-परवाने संगृहीत हैं।

(7.) ठिकाना सरदारगढ़ संग्रह : यहाँ के ठिकाणेदार, शार्दुलगढ़ (काठियावाड़) के सिंध डोडिया के वंशज थे। उन्हें ठाकुर कहा जाता था। महाराणा जगतसिंह (द्वितीय) (ई.1734-51) के समय जयसिंह के प्रपौत्र सरदारसिंह को लावा का ठिकाना मिला। उसने लावा में दुर्ग बनवाया जो सरदारगढ़ कहलाता था। प्रताप शोध प्रतिष्ठान में वि.सं.1938 से 2001 तक की 439 बहियाँ एवं 87 बस्तों में बंधी हुई लगभग 5600 मिसलें हैं जिनमें सेटलमेन्ट सम्बन्धी दस्तावेज संगृहीत हैं।

(8.) ठिकाना दौलतगढ़ संग्रह : दौलतगढ़ के ठिकानेदार तृतीय श्रेणी के सरदार थे। ये देवगढ़ के राव गोकुलदास (प्रथम) के चौथे पुत्र दौलतसिंह के वंशज थे। महाराणा अमरसिंह (द्वितीय) (ई.1698-1710) ने यह जागीर दौलतसिंह को प्रदान की थी। इस ठिकाने के 29 पट्टे-परवाने प्रताप शोध प्रतिष्ठान में संगृहीत हैं।

(9.) ठिकाना सिंगोली संग्रह : मंगरोप के स्वामी महेशदास के छोटे भाई मोहकमसिंह के वंशज (मोकमसिंहोत पुरावत) थे। उनकी उपाधि 'बाबा' थी। महाराणा अरिसिंह (द्वितीय) (ई. 1761–73) ने नवलसिंह को सिंगोली की जागीर दी। यह तृतीय श्रेणी के सरदार थे। इस ठिकाने की 11 बहियाँ एवं दस्तावेज टेग फाईलें 7 बस्तों में प्रताप शोध प्रतिष्ठान में संगृहीत हैं।

(10.) मथुरा के पण्डों का अभिलेख संग्रह : संस्थान में मथुरा के पण्डों से प्राप्त अभिलेखों का एक संग्रह स्थापित किया गया है। इन अभिलेखों में विछि, सोवनियों का मेड़ता, उड़ेसर, हेसरी, वीरपुर, मधन, करवर, बनेड़ा, खेड़ा, नारायणपुर, बडोली, टोडो, मलोद, पोसरियों, कोट, जाजपुरो, कल्याणपुरा, टोडरी, नपुर, रभखेडी, बीकानेर, बरसोढ़ो, देवगढ़, एमा, गवोती, पीथापुर, बड़गांव, खडार, वातम, वपनापर, ताबेतरा, खंडयारी, धोलखा, वनेरिया, भदोरा, वानेर, खेड़ी, दयावास, कुथवास, कलोली, वलाण्या, धरोल, कचनासी, जाजपुर, पगारा, बोरदा, टांटिया, जोगरा, नींबोरो, परावल, टोडरी, आमेट, वगड़ी, कोशीथल, खेमाणा, सावर, बीनोता आदि ठिकानों के वि.सं. 1600 से 2000 तक के 2,117 पट्टे–परवाने एवं दस्तावेज संगृहीत हैं। ये अभिलेख विभिन्न प्रकार के धार्मिक रिवाजों एवं क्रियाकर्मों की जानकारी देने के साथ–साथ इतिहास की टूटी हुई कड़ियों भी को भी जोड़ते हैं।

(11.) ठिकाना बेदला संग्रह : यह ठिकाना उदयपुर से लगभग साढ़े तीन किलोमीटर उत्तर में अरावली पहाड़ के निकट स्थित था। इसके ठिकानेदार मेवाड़ के प्रथम श्रेणी के उमराव थे। बेदला के सरदार दिल्ली–अजमेर के चौहान शासक पृथ्वीराज (तृतीय) के वंशज थे। बेदला ठिकाने की 211 बहियाँ एवं पट्टे–परवाने प्रताप शोध प्रतिष्ठान में संगृहीत किए गए हैं।

(12.) ठिकाना मोही संग्रह : जैसलमेर के रावल मनोहरदास की पुत्री से महाराणा राजसिंह का विवाह हुआ। इस सम्बन्ध के कारण मनोहरदास के पौत्र सबलसिंह का एक पुत्र महासिंह मेवाड़ आया और उसे मोही की जागीर मिली। इस ठिकाने की वि.सं. 1919 से 2023 तक की बहियाँ प्रतिष्ठान में संगृहीत की गई हैं।

(13.) ठिकाना कोशीथल संग्रह : कोशीथल भीलवाड़ा जिले की सहाड़ा तहसील में गंगापुर से 16 किलोमीटर उत्तर में स्थित है। महाराणा जगतसिंह (प्रथम) (ई.1628–52) ने आमेट के राव करणसिंह के ज्येष्ठ पुत्र नरहरदास को वि.सं.1705 में कोशीथल की जागीर प्रदान की थी। प्रताप शोध प्रतिष्ठान में कोशीथल ठिकाणे की वि.सं.1812 से 2016 तक की 122 बहियाँ, 1 ग्रंथ तथा 425 पट्टे–परवाने संगृहीत हैं।

(14.) ठिकाना बागोर संग्रह : बागोर के जागीरदार महाराणा सग्रामसिंह (द्वितीय) (ई. 1710–34) के दूसरे कुँवर नाथसिंह के वंशज थे। उनकी उपाधि महाराज थी। बागोर से मेवाड़ के चार महाराणा क्रमशः सरदारसिंह (ई.1838–42), स्वरूपसिंह (ई.1842–61), शंभुसिंह (ई. 1861–74) तथा सज्जनसिंह (ई.1874–84) गोद आए यह प्रथम श्रेणी का ठिकाना था। इस

ठिकाने से वि.सं.1730 से वि.सं. 2006 (ई.1673-1949) तक के 115 पत्र प्रताप शोध प्रतिष्ठान में लाए गए हैं।

(15.) ठिकाना केलवा संग्रह : मारवाड़ के राव सलखा (ई.1357-74) के द्वितीय पुत्र जैतमाल के वंशज राठौड़ बीदा को केलवा ठिकाणा प्राप्त हुआ था। महाराणा रायमल (ई. 1473-1509) के पुत्रों में हुए आपसी संघर्ष में बीदा ने कुँवर सांगा का साथ दिया था। केलवा से प्रताप शोध प्रतिष्ठान को विभिन्न धार्मिक ग्रंथ और साहित्यिक ग्रंथ प्राप्त हुए जो तत्कालीन धर्म एवं सामाजिक व्यवस्था की जानकारी प्राप्त करने की दृष्टि से उपयोगी हैं।

(16.) ठिकाना भूणास संग्रह : भूणास के सरदार, महाराणा राजसिंह (ई.1652-80) के आठवें पुत्र बहादुरसिंह के वंशज थे। इन्हें 'महाराज' (बाबा) की उपधि प्राप्त थी। यह द्वितीय श्रेणी के सरदार थे। भूणास ठिकाणे से वि.सं.1880 से 2009 तक के 53 पट्टे-परवाने, बहियाँ तथा पत्र प्रताप शोध प्रतिष्ठान में संगृहीत हैं।

(17.) ठिकाना कारोई संग्रह : महाराणा जयसिंह (ई.1680-1698) के तृतीय पुत्र उम्मेदसिंह के वंशजों के पास कारोई ठिकाना रहा। इस ठिकाने से प्रताप शोध प्रतिष्ठान को वि.सं. 1838 से 1946 तक की 75 बहियाँ एवं 15 दस्तावेज प्राप्त हुए।

(18.) ठिकाना लसाणी संग्रह : ठिाकाना लसाणी संग्रह की अभिलेखीय साम्रगी प्रताप शोध प्रतिष्ठान को भेंट स्वरूप प्राप्त हुई है।

जेराक्स सामग्री

विभिन्न ठिकानों, घरानों, व्यक्तियों एवं संस्थाओं में संरक्षित बहुमूल्य ऐतिहासिक सामग्री अभिलेखागारों को विक्रय अथवा भेंट नहीं की जाती। ऐसी स्थिति में सामग्री को जेराक्स कराकर प्रताप शोध प्रतिष्ठान में सुरक्षित किया जाता है। इस सामग्री में अनेक पाण्डुलिपियों, बहियों, पट्टे-परवानों की जेराक्स प्रति भी सुरक्षित की गई है। इनमें जागीरों की पट्टा बहियाँ विषेष महत्व रखती हैं। जेराक्स सामग्री हेतु पूर्व ठिकानों, घरानों एवं ठाकुरों के बड़वों, भाटों, राणीमंगों, विविध संस्थाओं, महत्वपूर्ण

व्यक्तियों से सम्पर्क कर ऐतिहासिक सामग्री का जेराक्स करवाया जाता है।

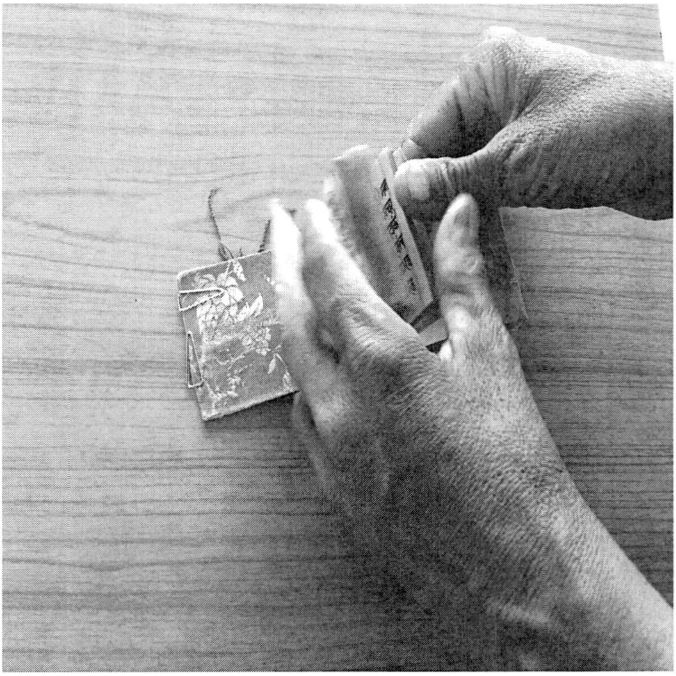

राजा-महाराजा यात्राओं में पूजा आदि के लिए गुटखे प्रयुक्त

जमीन अर करसों की विगत, पट्टाबही, ठिकाना भीण्डर के पट्टे-परवाने, बाजार तथा परचूनी लेखा की चौपनियों, बनेड़ा, राधोगढ़ और मारवाड़ के रुक्के, पट्टे, परवाने, पट्टाबही, ठिकाना गोगून्दा की तवारीख, तवारीख ठिकाना पारसोली, ठिकाना बेगूं री तवारीख, ठिकाना बाँन्सी री तवारीख, तारीखे कानोड़, पड़ाखा 1919, पट्टाबही ठिकाना गोगून्दा, राजसिंह (प्रथम) की पट्टाबही, राजसिंह (द्वितीय) की पट्टाबही, ताँबा पत्र बहीड़ो, देवस्थान की बही 1917, खरीता महाराणा श्री स्वरूप सिंहजी 1900 से 1926, महाराणा स्वरूप सिंहजी की बही 1905, चित्तौड़ उदयपुर पाटनामा, महाराणा राजसिंह की परगना बही, सगत रासो, महाराणा भीम री वार री पट्टाबही (दो भाग), सरदारो री हालपैदास री विगत 1907, महाराणा भीमसिंह री वार पट्टाबही, सरदारा री साख रो नामो, सूरजवंश, राज-प्रकाश, वंशावली राणाजी री-1, वंशावली राणाजी री-2, राणा जी री वंशावली-3, वंशावली राणाजी री-5, सीसोद वंशावली-6, वातसंग्रह, जागीरदाराँ रे गांव-पट्टों राह मरजाद री हकीकत् 1877, सावर के शक्तावतों की वंशावली, हिस्ट्री ऑफ मेवाड़, रावल राणाजी री वात, राज विलास, रामपुरा का गौरवशाली इतिहास, ऐतिहासिक बातां, परम्परा, सही वाला अर्जुनसिंह जीवन चरित्र गजेटियर ऑफ मेवाड़, शक्तावतां री विगत, ठिकाना भीण्डर, मथुरा के पण्डे के पत्र, श्यामलदास संग्रह के मेवाड़ ठिकानों की सामग्री आदि सम्मिलित है।

❑❑❑

अध्याय - 8

राजस्थानी शोध संस्थान, चौपासनी

राजस्थानी शोध संस्थान की स्थापना ई.1955 में डॉ. नारायण सिंह भाटी द्वारा की गई थी। विगत 73 वर्षों में इस संस्था ने शोधार्थियों को शोध सामग्री के प्राथमिक स्रोत उपलब्ध कराने में राष्ट्रीय स्तर पर ख्याति अर्जित की है। राजस्थान सरकार ई.1957 से इस संस्था को 90 प्रतिशत तक अनुदान प्रदान करना आरम्भ किया। यह अनुदान अब बंद कर दिया गया है। राजस्थान साहित्य अकादमी द्वारा भी राजस्थानी शोध संस्थान की परियोजनाओं को धन उपलब्ध कराया जाता था। इसे भी अब बंद कर दिया गया है। वर्ष 2015 में संस्थान ने चौपासनी शिक्षा समिति तथा मेहरानगढ़ म्यूजियम ट्रस्ट के साथ मेमोरेण्डम हस्ताक्षर किया जिसके बाद राजस्थानी शोध संस्थान की गतिविधियों में नवीन गति आई है।

राजस्थानी शोध संस्थान में 16,743 दुर्लभ पाण्डुलिपियों तथा मारवाड़ चित्रकला शैली के लगभग 300 चित्रों का संग्रह है। संस्थान के द्वारा राजस्थान के इतिहास, कला, संस्कृति एवं जनजीवन से सम्बन्धित दुर्लभ सामग्री, यथा बहियों, ख्यातों, काव्यों, इतिहास ग्रंथों, सूचिपत्रों का प्रकाशन किया गया है। संस्था द्वारा परम्परा नामक त्रैमासिक जर्नल भी प्रकाशित किया जाता रहा है जिसके 166 विशेषांक प्रकाशित किए गए हैं। संस्थान में राजस्थान के इतिहास, साहित्य, संस्कृति, परम्पराओं एवं कलाओं के विशेषज्ञ व्यक्तियों के व्याख्यान भी संगृहीत किए गए हैं।

विभिन्न शोध पत्रों का भी संग्रह किया गया है। देश भर के विद्वान एवं शोधार्थी इस संस्थान का भ्रमण करते रहते हैं। संस्थान द्वारा शोधार्थियों, विद्यार्थियों एवं शिक्षकों के लिए पाण्डुलिपि पठन कार्यशाला जैसे महत्वपूर्ण आयोजन करवाए जाते हैं। शोधार्थियों को शोध हेतु पाण्डुलिपियों के मुद्रित कैटेलॉग उपलब्ध कराए जाते हैं।

पाण्डुलिपि संग्रह

राजस्थानी शोध संस्थान में 14वीं से 19वीं शताब्दी ईस्वी की 16,743 पाण्डुलिपियों का संग्रह है। इन पाण्डुलिपियों को विभिन्न रियासतों, ठिकानों, मंदिरों, आश्रमों, मठों, विद्वानों, कबाड़ियों से प्राप्त किया गया है। शाहपुरा रियासत तथा उसके छः ठिकानों के अभिलेख भी इस संस्थान में रखे गए हैं। संस्थान में संगृहीत अनेक प्राचीन पाण्डुलिपियां जैन धर्म से सम्बन्धित हैं जिनमें तत्कालीन समय की भाषा एवं संस्कृति की जानकारी मिलती है। मूल ग्रंथों के साथ-साथ टीका, बलवबोध, टब्बा, वार्तिक आदि भी संगृहीत की गई हैं जो उस काल की विद्याओं का ज्ञान करवाती हैं।

कुछ पाण्डुलिपियों में भागवत, पुराण, गीता तथा अनेक धार्मिक ग्रंथों के राजस्थानी भाषा के अनुवाद दिए गए हैं। बहुत सी पाण्डुलिपियों में प्राचीन एवं मध्य काल में प्रयुक्त होने वाले दोहा, गीत, छप्पय, निसानी, वचनिका, झमाल, छन्द शास्त्र, चारण साहित्य भी संगृहीत किया गया है। कुछ पाण्डुलिपियां बात, ख्यात, वचनिका, पीढ़ी, वंशावली, अनुवाद से सम्बन्धित हैं। आयुर्वेद, ज्योतिष, दर्शन से सम्बन्धित बहुत सी पाण्डुलिपियां हैं। ज्योतिष के कुछ संस्कृत ग्रंथों में ज्यामितीय रचनाएं एवं चित्र भी बनाए गए हैं। बहुत से मध्यकालीन कवियों की हिन्दी एवं

राजस्थानी की रचनाएं भी पाण्डुलिपियों के रूप में उपलब्ध हैं। इनमें मंछाराम की रघुनाथ रूपक भी सम्मिलित है। कुछ सामग्री की छायाप्रतियां बनावाकर शोधार्थियों को उपलब्ध कराई जाती हैं।

राजस्थानी शबद कोश

संस्थान द्वारा राजस्थानी शबद कोश का प्रकाशन किया गया है जो विश्व भर में अपनी तरह का एक अनूठा ग्रंथ है। इसे डॉ. सीताराम लालस ने 40 वर्ष के अथक प्रयासों के पश्चात् तैयार किया। इसे इण्डो-यूरोपियन भाषा परिवार के शब्दकोश में एक अनूठा योगदान माना जाता है। लालस को इस कार्य के लिए भारत सरकार द्वारा पद्मश्री प्रदान की गई। राजस्थानी शोध संस्थान ने इस विशाल शब्दकोश का पहला खण्ड ई.1962 में प्रकाशित किया। इसमें राजस्थानी भाषा के दो लाख शब्द थे। इसके प्रकाशन हेतु राजस्थान सरकार एवं भारत सरकार द्वारा वित्तीय सहायता प्रदान की गई। डॉ. नारायण सिंह भाटी द्वारा इस शब्द कोश का लम्बा आमुख लिखा गया। बाद में इसके आठ खण्ड और भी प्रकाशित हुए। इस प्रकार यह शब्दकोश कुल नौ खण्डों में प्रकाशित हुआ। इस शब्द कोश में शब्दों के अर्थ के साथ राजस्थानी साहित्य, ज्योतिष ग्रंथ, वैदिक ग्रंथ, दार्शनिक ग्रंथ, विभिन्न भाषा ग्रंथ, धार्मिक ग्रंथ, कृषि कहावतें आदि अनेक स्थानों एवं प्रसंगों से उदहारण लिखे गए हैं। प्रत्येक शब्द के अर्थ के साथ उसकी उत्पत्ति का मूल उत्स लिखा गया है। इस प्रकार यह शब्दकोश विश्व में अपने प्रकार की अकेली एवं अनूठी कृति बन गया। यही कारण था कि इस शब्दकोश को देशी-विदेशी विद्वानों ने राजस्थानी भाषा की श्रीवृद्धि की दिशा में महत्वपूर्ण कदम माना गया। बाद में इसका संशोधित एवं परिवर्द्धित संस्करण भी प्रकाशित हुआ। संस्थान द्वारा मुहावरा कोश भी प्रकाशित किया गया। संक्षिप्त राजस्थानी-हिंदी शब्दकोश भी प्रकाशित किया गया है।

ठिकाना बहियां

खेजड़ला, बीकमकोर, रोहट, बागावास, कोरना तथा सुरैता आदि ठिकानों से प्राप्त 1,581 बहियां रखी गई हैं। साथ ही चौपनियां एवं मर्दमशुमारी (जनगणना) भी संगृहीत की गई हैं। यह अभिलेख उन्नीसवीं एवं बीसवीं शताब्दी से सम्बन्धित है। इस अभिलेख से मारवाड़ के परगनों में निवास करने वाली जातियों, भू-प्रबन्धन, प्रशासन, राजस्व संग्रहण, कृषि उन्नयन, जनजीवन, रीति-रिवाज, परम्पराओं तथा विभिन्न काम धंधों एवं रोजगार आदि के बारे में विश्वसनीय एवं महत्वपूर्ण जानकारी प्रदान करता है। इस अभिलेख से उस काल में जीवन के विभिन्न क्षेत्रों में प्रयुक्त होने वाली शब्दावली का भी ज्ञान होता है।

संग्रहालय में प्राचीन एवं मध्यकालीन लगभग 300 चित्रों का दुर्लभ संग्रह उपलब्ध है जो राजपूत चित्रशैली का अनमोल खजाना है। ये चित्र जोधपुर स्कूल से सम्बद्ध हैं। इनमें बारहमासा पेटिंग्स अद्भुत हैं। संग्रहालय में रखे ऐतिहासिक व्यक्तियों के चित्रों में राव अमरसिंह, उमेद सिंह सिसोदिया, महाराजा मानसिंह, दुर्गादास राठौड़, अजीतसिंह, खींवसर ठाकुर, महाराणा भीमसिंह, महाराजा बीकानेर आदि के चित्र सम्मिलित हैं। भगवान विष्णु के विभिन्न अवतारों के चित्र, महावीर स्वामी के चित्र, नाथ सन्यासियों के चित्र, राग-रागिनियों के चित्र, शिकार दृश्य, वैवाहिक

उत्सवों के दृश्य, प्रेम प्रसंगों के चित्र, ढोला-मारू तथा लैला-मजनूं प्रेमी युगलों के चित्र, राजाओं की मजलिसों (बैठकों) के चित्र सम्मिलित हैं। एक पेंटिंग मीराबाई तथा राजा जयमल की भी है जिसमें वे मेड़ता के चारभुजा नाथ की पूजा करते हुए दिखाए गए हैं।

संदर्भ पुस्तकालय

राजस्थानी शोध संस्थान के संदर्भ पुस्तकालय में इतिहास, साहित्य, कला, दर्शन एवं संस्कृति से सम्बद्ध 5,057 दुर्लभ ग्रंथ उपलब्ध हैं। इस पुस्तकालय में राजस्थानी-हिन्दी शब्दकोश, सेंसस रिपोर्ट्स, गजट, डिंगल कोश, रिसर्च जनरल, कैटेलॉग भी उपलब्ध हैं।

परम्परा शोध पत्रिका

संस्थान द्वारा वर्तमान में परम्परा का प्रकाशन छ:माही आधार पर किया जाता है तथा प्रत्येक अंक राजस्थानी संस्कृति, इतिहास, साहित्य आदि किसी एक विषय पर केन्द्रित विशेषांक होता है। ये सभी अंक संग्रहणीय हैं। इनमें डिंगल कोश, राजस्थानी साहित्य का आदिकाल, राजस्थानी साहित्य का मध्यकाल, लोकगीत, ऐतिहासिक बातें आदि सम्मिलित हैं जिन्हें विश्वविद्यालयों में संदर्भ पुस्तकों के रूप में सम्मिलित किया गया है। व्रात, ख्यात, गीत, झमाल आदि पर भी विशेषांक निकाले गए हैं।

❑❑❑

अध्याय - 9

बहियात हिसाब दफ्तर, बीकानेर

ई.1872 में बीकानेर राज्य में महकमा माल स्थापित किया गया। इस महकमे के स्थापित होने से पहले बीकानेर राज्य में माल गुजारी एवं अन्य महकमों का हिसाब रखने के लिए अपने प्रकार की बहियों का प्रचलन था जिनमें एक ही सीगे के हिसाब को अलग-अलग बहियों में दिखाया जाता था। जब महकमा हिसाब स्थापित हुआ तो इन बहियों में कई सुधार किए गए। महकमा हिसाब में 21 तरह की बहियों का प्रचलन था। इन बहियों में जो सूचनाएं मिलती हैं, उनसे बीकानेर राज्य की आर्थिक स्थिति, सामाजिक ढांचा तथा रीति-रिवाजों एवं परम्पराओं की जानकारी मिलती है। हिसाब दफ्तर की बहुत सी बहियां राजस्थान राज्य अभिलेखागार में संगृहीत की गई हैं। बड़ी संख्या में हिसाब दफ्तर की बहियां आज भी बीकानेर के पुराने किले जूनागढ़ में सुरक्षित हैं।

बही खरड़ा

इस बही में खजाने की साप्ताहिक जमा-खर्च उतारी जाती थी जिसकी नकल खजाने के रुक्कों की बही से ली जाती थी। बाद में इसी बही में साप्ताहिक के स्थान पर दैनिक आंकड़ों को भी उतारा जाने लगा तथा इसे रोजनामचे की बही कहने लगे।

बही लेखपाड़ सरदारान

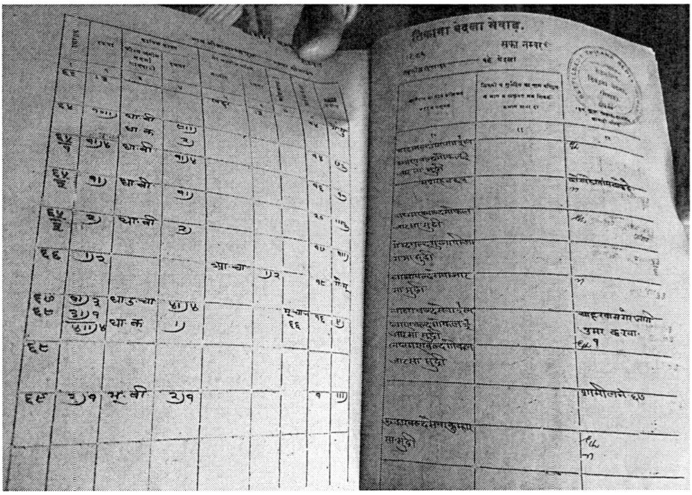

इस बही में राज्य के समस्त सरदारों के तहसीलवार खाते मिलते हैं। राज्य सरकार की ओर से सरदारों के लिए जितना बंधा (कर) निर्धारित होता था, वह उस सरदार के नाम के आगे लिखा जाता था। इसके अतिरिक्त हर माह के आंकड़े भी नामों के आगे मिलते हैं जिनसे यह पता लगता है कि किस सरदार से कितनी राशि ली जानी थी, कितनी राशि जमा हुई है तथा कितने रुपये वसूल किए जाने शेष हैं।

बही चार ठोड़ों की

इस बही में राज्य के चार कारखाने रसोवड़ा, तबेला, फीलखाना एवं मोदीखाना के लिए मंडी से जो खरीद होती थी, उसकी रकम का जमा एवं खर्च लिखा पाया जाता है। हर सीगे के आगे राशि का विवरण मिलता है।

बही हबूब

इस बही में चीरा गांवों की रकम का गांव एवं आसामीवार विवरण दर्ज है। वर्ष के अंत में प्रत्येक तहसील से आसामीवार राशि की बही तैयार होकर आती थी। उसकी नकल आसामीवार उतार ली जाती थी। पहले चीरा गांव तथा परगनों की रकमों को अलग-अलग बहियों में उतारा जाता था किंतु बाद में तालुक भी बना दिए गए। इन तीन बहियों की एक बही निजामतवार बना दी गई।

बही कारखानों की वरगों की खतौनी

इस बही में कारखानों से जो दैनिक खर्च की फर्द तैयार होकर आती थीं, उनकी खतौनी उतारी जाती थी। माह के अंत में कारखानों से जो आंकड़े आते थे, उनकी जांच कर ली जाती थी। उसके बाद उन्हें महकमे कौंसिल में स्वीकृति के लिए भेजकर महकमा-ए-हिसाब से जमा-खर्च कर लिया जाता था।

बही बन्धा के कागजातों की

इस बही में सरदारों के राज्य की ओर से जो बन्धे निर्धारित थे, उनकी प्रविष्टियां मिलती हैं। राज्य की ओर से जो सनद, मोहर-छाप आदि दी जाती थीं, उनकी नकलें भी इस बही में मिलती हैं।

बही उगाही

उगाही की बहियों में चार बहियां प्रमुख रूप से मिली हैं- दुकानों की उगाही, मांजी पूगलवानीजी साहिबा की उगाही, दादीजी राणावतजी साहिबा की उगाही, नाजर किशनुराम की उगाही। इन बहियों में राज्य की ओर से दिए गए कर्ज की उगाही अर्थात् वसूली होने पर प्राप्त होने वाली राशि को लिखा जाता था।

बही पट्टा

इन बहियों में पट्टों की नकलों की प्रविष्टियां मिलती हैं।

कमठाने के वरगों की खतौनी

इस बही में कमठाने कार्य के लिए जो वस्तुएं खरीदी जाती थीं, उनका जमा-खर्च तथा श्रमिकों एवं कारीगरों को किए गए दैनिक भुगतान का विवरण अंकित किया जाता था। श्रमिकों की दैनिक उपस्थिति भी इस बही में अंकित की जाती थी।

बही-स्टाम्प का जमा खर्च

इस बही में महकमा हिसाब में जितने स्टाम्प काम में आते थे, उनका जमा-खर्च मिलता है।

बही रोजनामचा हिन्दी एवं उर्दू

जो पत्र एवं अभिलेख हिन्दी भाषा एवं देवनागरी लिपि में लिखे हुए महकमा हिसाब से आते एवं जाते थे, उनकी प्रविष्टि रोजनामचा हिन्दी में की जाती थी तथा उर्दू के कागज, रोजनामचा उर्दू में दर्ज किए जाते थे।

❑❑❑

अध्याय - 10

महाराजा मानसिंह पुस्तक प्रकाश, जोधपुर

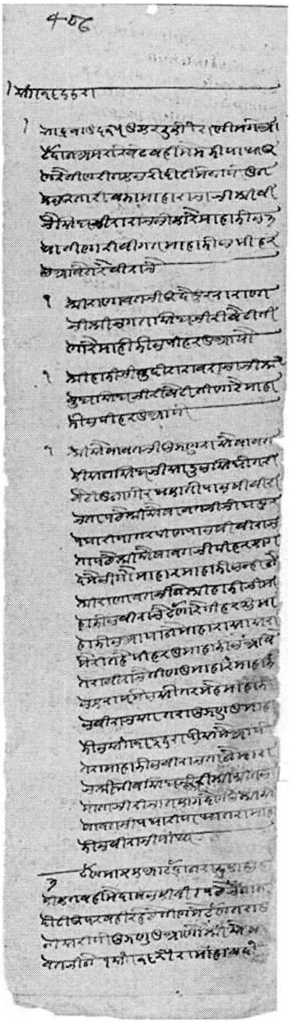

जोधपुर नरेशों में साहित्य, धर्म एवं कला के प्रति अटूट अनुराग था। इस कारण सैंकड़ों कवियों, गवैयों, चित्रकारों को राज्य द्वारा प्रश्रय दिया जाता था। बहुत से जोधपुर नरेश स्वयं भी धर्म, अध्यात्म, साहित्य, काव्य एवं संगीत के ज्ञाता थे तथा उन्होंने अनेक ग्रंथों की रचना की। इसलिए स्वाभाविक था कि जोधपुर स्थित मेहरानगढ़ दुर्ग में पुस्तकों एवं चित्रों का बहुमूल्य संग्रह तैयार होता रहा किंतु दुर्भाग्य से जब ई.1544 में राव मालदेव के समय अफगान शासक शेरशाह सूरी ने, ई.1565 में राव चंद्रसेन के समय मुगल शासक अकबर ने तथा ई.1678 में महाराजा जसवंतसिंह की मृत्यु के बाद औरंगजेब ने जोधपुर दुर्ग पर अधिकार कर लिया। इन दौरान मुस्लिम आक्रांताओं द्वारा जोधपुर दुर्ग की अधिकांश अमूल्य साहित्यिक कृतियां, चित्र एवं अन्य कला-सामग्री नष्ट कर दी गई। जब दिल्ली की केन्द्रीय सत्ता से मुस्लिम शासकों का वर्चस्व नष्टप्राय हो गया, तब मारवाड़ में साहित्यिक कृतियों एवं कला-सामग्री को पुनः संगृहीत करने का कार्य आरम्भ हुआ।

महाराजा विजयसिंह (ई.1752-93) वैष्णव धर्म का परम अनुयायी था तथा संगीत एवं चित्रकला से प्रेम करता था। उसने जोधपुर दुर्ग में पुस्तकों एवं धार्मिक चित्रों का विशाल संग्रह करवाया। उसके द्वारा संगृहीत अधिकांश पुस्तकें एवं चित्र वैष्णव धर्म से सम्बन्धित थे। महाराजा विजयसिंह के काम को उसके पौत्र महाराजा मानसिंह (ई.1803-43) ने आगे बढ़ाया। वह नाथ मत का अनुयायी था तथा उसे काव्य, साहित्य, संगीत और चित्रकला से विशेष अनुराग था। उसने स्वयं भी बहुत सी पुस्तकें लिखीं। उसने जोधपुर में देश भर में प्रसिद्ध कवियों, गवैयों, चित्रकारों आदि को जोधपुर में बुलाया। उसके सम्बन्ध में यह

दोहा कहा जाता है–

जोधपुर बसायो जोधपुर, ब्रज कीनो ब्रजपाल।
लखनेऊ काशी दिली, मान कियो नेपाल।

अर्थात् राव जोधा ने जोधपुर नगर बसाया। महाराजा विजयसिंह ने जोधपुर में वल्लभ सम्प्रदाय को बढ़ावा देकर उसे ब्रज में बदल दिया। महाराजा मानसिंह ने देश भर से कत्थक, पण्डित, गवैये और योगी बुलाकर इसे सांस्कृतिक रूप से एक साथ ही काशी, दिल्ली और नेपाल की तरह समृद्ध कर दिया।

महाराजा मानसिंह ने मेहरानगढ़ दुर्ग में मानसिंह पुस्तक प्रकाश नामक ग्रंथ-संग्रह स्थापित किया जिसमें धर्म, अध्यात्म, काव्य, ज्योतिष एवं अन्य विविध विषयों की हस्तलिखित पोथियाँ तथा धार्मिक चित्र एकत्रित करवाए। उसके समय में सूरज प्रकाश, विविध पुराण तथा ढोला-मारू आदि ग्रंथों को चित्रित किया गया। महाराजा ने स्वयं भी कई गीत, कविताएं, समीक्षा, टीका आदि लिखे। उसके समय किया गया समस्त साहित्यिक कार्य महाराजा मानसिंह पुस्तक प्रकाश में उपलब्ध है। जब रजवाड़े समाप्त हो गए तो जोधपुर राज्य के वंशज महाराजा गजसिंह (द्वितीय) ने महाराजा मानसिंह पुस्तक प्रकाश को संरक्षण दिया तथा इसे साहित्य एवं संस्कृति शोध केन्द्र में बदल दिया। ई.1977 में इसे एक ट्रस्ट बना दिया गया। यह संस्था आज भी मेहरानगढ़ दुर्ग के संग्रहालय परिसर में संचालित है। इस संग्रह में अनेक अत्यंत दुर्लभ पाण्डुलिपियां उपलब्ध हैं। देश-विदेश के अनेक विख्यात शोधकर्ताओं एवं विद्वानों ने इस संस्थान में उपलब्ध पाण्डुलिपियों, चित्रों एवं दस्तावेजों का अध्ययन कर शोधकार्य किया है। यूनिवर्सिटी ग्रांट कमीशन तथा

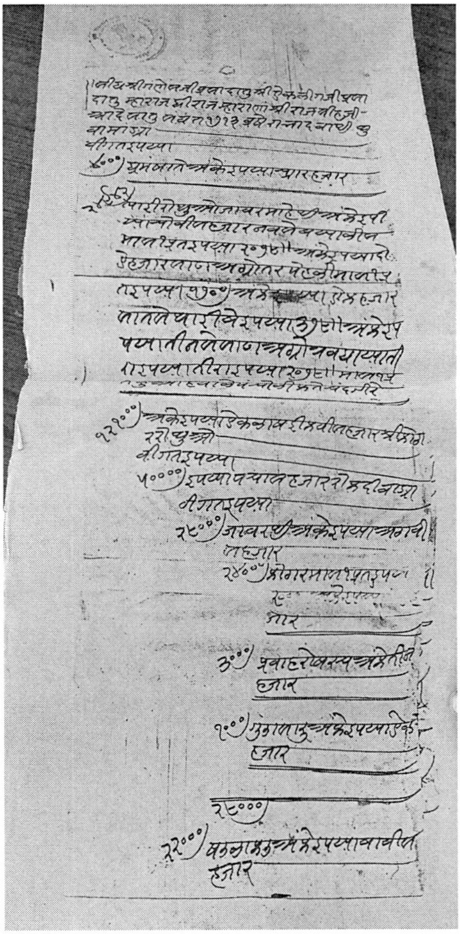

जयनारायण व्यास विश्वविद्यालय ने भी मानसिंह पुस्तक प्रकाश को शोध केन्द्र के रूप में मान्यता प्रदान की है।

वर्तमान में इस संस्था में 7,500 से अधिक पाण्डुलिपियाँ तथा 5,300 से अधिक ग्रंथ उपलब्ध हैं। यह समस्त सामग्री हिन्दी, संस्कृत, राजस्थानी, अंग्रेजी आदि भाषाओं में है। 13 हस्तलिखित ताड़पत्र पोथियां भी इस संग्रहाल्य की विशिष्ट धरोहर है। शोधार्थियों की सुविधा के लिए पुस्तक प्रकाश की बहुत सी सानग्री को डिजिटाइज्ड कर दिया गया है। मानसिंह पुस्तक प्रकाश में उन कवियों एवं साहित्यकारों की संस्कृत एवं राजस्थानी भाषा की रचनाएं एवं पाण्डुलिपियां उपलब्ध हैं जिन्हें राज्य द्वारा संरक्षण एवं प्रश्रय दिया गया।

इनमें से हजारों रचनाओं को अभी तक प्रकाश में नहीं लाया जा सका है। पूर्व राजपरिवार द्वारा इस संग्रह को राजपरिवार से सम्बन्धित 'जनाना ड्यौढ़ी की बहियां'एवं 'कपड़ा का कोठार की बहियां' भी भेंट की गई हैं। ये बहियां सैंकड़ों की संख्या में हैं तथा बहियां शोधार्थियों के लिए उपलब्ध हैं। इन बहियों से मध्यकाल में राजपूताने में प्रचलित पोषाकों, कपड़ों, रीति-रिवाजों, खान-पान आदि की जानकारी मिलती है। इन बहियों से मारवाड़ राज्य के रनिवास तथा उसमें होने वाली गतिविधियों की वास्तविक तस्वीर उभर कर सामने आती है।

महाराजा मानसिंह पुस्तक प्रकाश द्वारा अनेक महत्वपूर्ण ग्रंथों का प्रकाशन करवाया गया है। इनमें अजितोदय महाकाव्य, पाबू प्रकाश, राजस्थानी-हिन्दी ग्रंथों की सूचि, संस्कृत ग्रंथों की सूचि आदि सम्मिलित हैं। संस्था द्वारा समय-समय पर इतिहास एवं साहित्य को लेकर विचार गोष्ठियां, सेमीनार, व्याख्यान आदि का आयोजन करवाया जाता है निष्कर्ष रूप में कहा जा सकता है कि पूर्व राजाओं के रनिवासों में प्रचलित रीति-रिवाजों को जानने के लिए बहियां एवं पाण्डुलिपियां उपलब्ध करवाने वाला यह संसार भर का एक अद्‌भुत अभिलेखागार है।

❑❑❑

अध्याय - 11

ठिकानों के अभिलेखागार

राजस्थान में 19 देशी रियासतें थीं जो मुगल काल से लेकर देश के स्वतंत्र होने तक किसी न किसी केन्द्रीय सत्ता के अधीन रहीं। देशी रियासतों के अधीन अनेक ठिकाने थे। इन ठिकानों की स्थिति बड़े राज्य के भीतर छोटे राज्य जैसी थी। इनके और रियासत के शासक के बीच कुछ लिखित एवं अलिखित समझौते थे जिनके आधार पर युद्ध एवं शांतिकाल में ठिकानों द्वारा रियासत के शासक को कर, सेवा, सेना एवं सहायता दी जाती थी। अधिकतर मामलों में ठिकानेदार स्वयं को राजा के अधीन नहीं मानकर, रियासत की सत्ता में कनिष्ठ भागीदार मानते थे। जबकि राजाओं का यह प्रयास रहता था कि ठिकानेदारों को अधीनस्थ स्थिति में रखा जाए। इस कारण प्रायः रियासत के शासक एवं ठिकाणेदारों के बीच मनमुटाव, अधिकारों की रस्साकशी एवं शीतयुद्ध जैसी स्थिति बनी रहती थी।

मुगलों के काल में, ईस्ट इण्डिया कम्पनी के काल में तथा ब्रिटिश क्राउन के काल में कई ठिकानेदारों ने केन्द्रीय सत्ता से सीधे सम्बन्ध स्थापित किए जिनके बल पर इन ठिकाणेदारों ने रियासत के शासक के आदेशों एवं अधिकारों की अवहेलना की। कई बार तो ठिकाणेदारों ने केन्द्रीय सत्ता का सहारा पाकर, अपनी मूल रियासत से स्वतंत्र होकर अगल राज्य स्थापित करने में भी सफलता प्राप्त की। शाहपुरा एवं प्रतापगढ़ एवं झालावाड़ ऐसी ही रियासतें थीं। बहुत से राजाओं को अपने राज्य के ठिकानों के विरुद्ध सैनिक अभियान भी करने पड़ते थे। जोधपुर, बीकानेर तथा उदयपुर जैसे बड़े राज्य भी इस समस्या से ग्रस्त थे।

केन्द्रीय सत्ता के बदल जाने के साथ ही रियासतों के शासकों एवं ठिकानों के ठिकानेदारों के सम्बन्धों में भी परिवर्तन होते रहे। इस कारण रियासत एवं ठिकानों के बीच मुकदमेबाजियां भी हुईं तथा लम्बे-पत्राचार हुए। चूंकि ठिकाना भी एक छोटी रियासत की तरह शासन करता था इसलिए ठिकाने में भी बहुत से दस्तावेज लिखे एवं रखे जाते थे। यही कारण है कि सभी ठिकानों में कुछ न कुछ दस्तावेज, बहियां, पट्टे, ताम्रपत्र, सैटलमेंट रिपोर्ट्स आदि उपलब्ध हैं। इनमें पोकरण, बिलाड़ा, बिसाऊ, डिग्गी, नवलगढ़, गोगून्दा, भिनाय, कानोड़, सरदारगढ़, शाहपुरा, बनेड़ा, अठाणा, विजयपुर, उनियारा, सलूम्बर, कोशीथल आदि ठिकाणों के अभिलेखों पर कुछ कार्य हुआ है। कर्नल टॉड ने भी एनल्स एण्ड एण्टीक्विटीज ऑफ राजस्थान लिखने के लिए कुछ ठिकानों के रिकॉर्ड्स काम में लिए थे। इन अभिलेखों पर शोध करके उनके आधार पर सामंती इतिहास तथा रियासती भारत के सामाजिक इतिहास की पुनर्रचना की जा सकती है। इस पुस्तक में कुछ ठिकानों के दस्तावेजों का परिचय दिया जा रहा है। ❑❑❑

अध्याय - 12

बनेड़ा का पत्र संग्रह

बनेड़ा दुर्ग में एक संग्रहालय है जिसकी स्थापना बनेड़ा के ठिकानेदारों ने की। रियासती काल में मेवाड़ राज्य में बनेड़ा एक महत्वपूर्ण ठिकाणा था। यह ठिकाना महाराणा राजसिंह (ई. 1652-80) के पुत्र भीमसिंह को मेवाड़ से स्वतंत्र राज्य के रूप में प्राप्त हुआ था। ई.1681 की मुगल-मेवाड़ संधि के बाद भीमसिंह मुगलों की सेवा में चला गया। इसके बाद 28 जुलाई 1681 को औरंगजेब ने भीमसिंह को यह परगना प्रदान किया। बनेड़ा राज्य का अपने पड़ौसी शाहपुरा राज्य से झगड़ा रहता था। इस कारण ई.1756 में शाहपुरा राज्य ने बनेड़ा राज्य पर अधिकार कर लिया। इस पर बनेड़ा के राजा सरदारसिंह ने मेवाड़ से सैनिक सहायता प्राप्त कर पुनः बनेड़ा पर अधिकार किया। इसके पश्चात् बनेड़ा, मेवाड़ रियासत के अधीन एक ठिकाना हो गया। शाहपुरा द्वारा किए गए आक्रमण में बनेड़ा दुर्ग की अधिकांश सामग्री नष्ट हो गई। यही कारण है कि बनेड़ा के दस्तावेज उसके बाद की अवधि के हैं।

इस संग्रह में बहियां एवं बाहर से आए हुए पत्रों का अच्छा संग्रह है। इस संग्रहालय के रिकॉर्ड्स को लगभग 200 फाइलों में सुरक्षित किया गया है। इस संग्रहालय की विशेषता पत्रों का एक संग्रह है जिसमें ई.1756 से लेकर रियासती काल की समाप्ति तक के पत्र रखे गए हैं। इस दुर्ग पर ई.1756 के पश्चात् कोई आक्रमण नहीं हुआ। इसलिए यह संग्रह आज भी सुरक्षित है। इस संग्रह में कई महत्वपूर्ण पत्र हैं जिनमें उस काल का विश्वसनीय इतिहास उपलब्ध है। अधिकांश पत्रों में बनेड़ा के सामंतों एवं उसके अधिकारियों के नामों का उल्लेख हुआ है। बनेड़ा संग्रहालय के अनेक पत्रों में अठारह सौ सत्तावन की क्रांति का उल्लेख हुआ है। इन पत्रों से मेवाड़ के महाराणा का सैन्य क्रांति के प्रति रुख, जनसामान्य की प्रतिक्रिया तथा क्रांति की समाप्ति के पश्चात् अंग्रेज अधिकारियों द्वारा क्रांतिकारी सैनिकों के साथ किए गए अमानुषिक व्यवहार की जानकारी मिलती है।

इन पत्रों से ज्ञात होता है कि मेवाड़ राज्य का जन-सामान्य, क्रांतिकारी सैनिकों के साथ सद्भावना रखता था इसलिए मेवाड़ राज्य के अनेक ठिकानों के ठिकानेदारों ने क्रांतिकारी सैनिकों का साथ दिया। अंग्रेजों को यह भय था कि मेवाड़ क महाराणा स्वरूपसिंह (ई.1842-61) भी क्रांतिकारी सैनिकों की तरफ हो सकता है इसलिए अंग्रेजों ने महाराणा पर दबाव बनाया कि वह सैनिक विद्रोह को दबाने में अंग्रेजों की सहायता करे तथा जो ठिकाणेदार या सामंत, विद्रोहियों के प्रति सहयोग दिखाते हैं, उन्हें दण्डित करे एवं उन पर न्यिंत्रण रखे।

इन पत्रों से यह भी ज्ञात होता है कि अंग्रेजी दबाव के चलते, महाराणा को अंग्रेजों के आदेशों की पालना करनी पड़ी किंतु उसने क्रांतिकारियों अथवा क्रांतिकारियों का साथ दे रहे ठिकाणेदारों के विरुद्ध कोई कार्यवाही नहीं की। इस संग्रह के कुछ पत्रों से ज्ञात होता है कि विद्रोही सैनिकों को पकड़वाने वालों के लिए सरकार की तरफ से पुरस्कार की घोषणा भी की गई थी। बनेड़ा संग्रह में कई बहियां भी संगृहीत हैं जिनसे अठारहवीं-उन्नीसवीं सदी में मेवाड़ राज्य के ठिकानों में प्रचलित मुद्राओं एवं आर्थिक परिदृश्य की जानकारी मिलती है।

संग्रहालय के एक दस्तावेज में बनेड़ा के राजा रायसिंह (ई.1758-69) के विवाह में हुए खर्च का उल्लेख है। यह विवाह वि.सं. 1816 (ई.1760) में पीसांगन में हुआ था। इसमें बनेड़ा वालों के 3480 रुपये व्यय हुए। मुख्य व्यय दो मदों पर हुआ। एक तो वर पक्ष द्वारा दुल्हन के लिए भेजे जाने वाले वस्त्रों, आभूषणों, मेवों आदि पर। दूसरा बड़ा व्यय वर पक्ष द्वारा विवाह के लिए अपनी राजधानी से रवाना होने के पूर्व दिए गए भोज पर हुआ। वस्त्रों के नाप एवं मूल्य का भी उल्लेख हुआ है। कपड़ा नापने के लिऐ गज एवं हाथ का प्रयोग किया गया था। वस्त्रों के निर्माण स्थल का भी उल्लेख हुआ है। खाद्य सामग्री की कीमतों एवं उनके प्रकारों का भी उल्लेख हुआ है। इस प्रकार इस दस्तावेज से उस समय के रीति-रिवाज, संस्कृति, अर्थ व्यवस्था आदि के विभिन्न पक्षों की जानकारी होती है।

एक दस्तावेज में बनेड़ा के राजा हमीरसिंह (ई.1766-1805) की रानी मेड़तणी के निधन के पश्चात् उसके व्यक्तिगत सामान की सूचि दी गई है। यह मेड़तिया वीरमदेव की पुत्री कुंवरी बाई थी। उसका विवाह वि.सं. 1831 में एवं निधन वि.सं. 1834 में हुआ। उस सूचि में उसके बरतन, कपड़े, आभूषणों की संख्या एवं नाम दिए गए हैं। आभूषणों एवं सोने-चांदी के बरतनों की तोल भी दी गई है। इस सूचि के अनुसार मेड़तणी के पास 400 तोले सोना था। उसके पास मोती, मूंगे, माणक पन्ना आदि के भी आभूषण थे। उसकी सामग्री में घरेलू उपयोग में आने वाली वस्तुओं की भी एक लम्बी सूचि दी गई है। इस सामान में सबसे भारी वस्तु सोने की एक तासली है जिसका भार 86 तोला है। पीतल एवं लोहे के सामान की भी एक सूचि है। वस्त्रों में सबसे अधिक संख्या साड़ियों की है। इस दस्तावेज से उस काल की सामंती व्यवस्था में रानियों की सम्पत्ति एवं संस्कृति का पता चलता है।

❑❑❑

अध्याय - 13

पट्टा एवं ताम्रपत्र पुरालेखागार, मसूदा

अजमेर जिले में स्थित मसूदा पुरालेखागार में मध्यकालीन सैंकड़ों ऐतिहासिक अभिलेख, ताम्रपत्र, पट्टे, बहियां, सनदें एवं पत्र व्यवहार संगृहीत है। कुछ ताम्रपत्र एवं पट्टे ई.1819 से पहले के हैं। ये पट्टे अथवा सनद मसूदा के जागीरदारों द्वारा जरी किए गए थे। मसूदा के सामंत अथवा जागीरदार ने मसूदा के इस्तिमरारदार को अपने अधीनस्थ सामंत की तरह सनद जारी करने का अधिकार दिया। मसूदा के जागीरदार ने दांण (कस्टन), जमाबंदी (भू-अभिलेख) एवं बाव (उपकर) लगाने के अधिकार अपने पास रखे तथा शेष अवशिष्ट अधिकार इस्तिमरारदार को दे दिए जो कि मसूदा परगने के 40 गांवों के सम्बन्ध में थे। इन अधिकारों के तहत इस्तिमरारदार की राजस्व राशि की रेख (सीमा) 44,800 रुपए बांधी गई।

मुगल बादशाह अकबर ने ई.1559 में भोपतसिंह मेड़तिया को मसूदा का परगना दिया था जो उस समय मेड़ता राज्य के अधीन था किंतु बाद में मसूदा परगना जोधपुर राज्य के अधीन हो गया। मसूदा के सामंत ने ऐहिक एवं पारलौकिक कल्याण के लिए नाथों, जोगियों, आयस एवं ब्राह्मणों को कुछ भूखण्डों के पट्टे जारी किए जिनका अभिलेख कुछ ताम्रपत्रों एवं कागजों पर अंकित है। यह अभिलेख मसूदा पुरालेखागार में उपलब्ध है। यहाँ रखे कुछ ताम्रपत्रों से जागीरी क्षेत्र की न्याय व्यवस्था एवं पंचायत व्यवस्था पर भी प्रकाश पड़ता है। कुछ ताम्रपत्रों से क्षेत्रीय जनजातियों के सामाजिक विधि-निषेधों की भी जानकारी मिलती है। साथ ही तत्कालीन दण्ड विधान की कठोरता, समाज की आर्थिक स्थिति, परगने की अर्थव्यवस्था आदि की भी जानकारी मिलती है।

मसूदा पुरालेखागार के अभिलेखों का वर्गीकरण एक-पक्षीय एवं बहु-पक्षीय आधार पर किया गया है। प्रथम वर्ग के अभिलेखों में स्वेच्छा से भू-अंतरण अधिकार का उपयोग करके अधिकृत भूमि को दूसरे के प्रति अंतरित करने की उद्घोषणा है। इसमें दूसरे पक्ष की सहमति प्राप्त करना अनिवार्य नहीं था। दूसरे वर्ग के अभिलेखों में बहुपक्षीय प्रलेख हैं जिनमें दो या दो से अधिक पक्ष सम्मिलित रूप में निर्णय की उद्घोषणा करते हैं। इसके अंतर्गत समस्त पक्षों की सहमति होनी अनिवार्य है। लेखन की आधारभूत सामग्री के रूप में ताम्रपत्र एवं कागज दोनों पर पट्टे उपलब्ध हैं। अकारादि क्रम (Alphabetical Order) 1-3 एवं 22-25 कागज पर लिपिबद्ध प्रलेख हैं जबकि अकारादि क्रम 4-21 ताम्रपत्र पर उत्कीर्ण प्रलेख हैं। कागज पर लिपिबद्ध प्रलेखों पर अंतरक की सीमा में सत्यापन की मुद्रा भी अंकित है जो ताम्रपत्र पर नहीं

मिलती। इसके अतिरिक्त अंतरण संरचना की दृष्टि से दोनों प्रकार के प्रलेख समान हैं। अकारादि क्रम 22 एवं 24 में आवासीय व्यवस्था भूतल एवं भवन के अंतरण (ट्रांसफर) का उल्लेख अकारादि क्रम 22 में टिप्पणी के रूप में एवं 25 में प्रलेख अंग के रूप में मिलता है। अभिलेख के 4 एवं 6-25 के स्वरूप एवं संरचना साम्य के आधार पर इनके स्वरूप (पैटर्न) को सुविधा की दृष्टि से नौ चारणों में विभक्त किया जा सकता है-

(1.) उपास्य देव स्मरण

(2.) अंतरक (Transeferer) का नाम

(3.) अंतरी (Transeferee) का नाम

(4.) अंतरण का उद्देश्य एवं प्रतिफल (Purpose of concederation)

(5.) अंतरित आधार (ऑब्जेक्ट ऑफ ट्रांसफर) (Object of Transfer)

(6.) अंतरण अवधि (पीरयिड ऑफ ट्रांसफर) (Period of Transfer)

(7.) प्रलेखकार प्रमाणीकरण (Writer's Verification), अंतरक एषणा (Transeferer's Intension), अंतरक के वरिष्ठ अधिकारी की सहमति, प्रलेखकार के हस्ताक्षर।

(8.) तिथि

(9.) अंतरक सत्यापन एवं मुद्रा (Seal of Atestation)

प्रलेख आलेखन कार्य भारतीय जीवन दर्शन एवं धर्म से अनुप्राणित है। प्रत्येक प्रलेख का आरम्भ उपास्य देव के विग्रह रूपा सौपाधिक नाम स्मरण के साथ हुआ है। जैसे- अकारादि क्रम 4, 17, 18, 20, 21-22 में श्री गोपाल एवं श्रीरामजी; अकारादि क्रम 7, 8, 10, 13, 14, 16 में श्री रामजी; अकारादि क्रम 6 में श्री प्रभुजी; अकारादि क्रम 11 में श्री; अकारादि क्रम 15 में श्री स्वजी (शिवजी) तथा श्रीरामजी; अकारादि क्रम 1-3 में श्री परमेश्वरजी सत्य छै का उल्लेख प्रलेख के आरम्भ में मिलता है।

द्वितीय चरण में पुरुष एवं महिला वर्ग दोनों अंतरक के रूप में विद्यमान हैं। अकारादि क्रम 11 एवं 23 में महिला वर्ग तथा अवशिष्ट में पुरुष वर्गीय अंतरक हैं। अकारादि क्रम 1-3 में जोधपुर के सामंत की पीढ़ी द्वय 4, 9, 10, 13, 16-25 में मसूदा के प्रशासक, अकारादि क्रम 15 में भाइपा मसूदा, अकारादि क्रम 6-8 में भिणाय के राजा, अकारादि क्रम 12 एवं 14 में अपरिचित प्रशासक द्वारा अंतरण का उपभोग हुआ है। अकारादि क्रम 25 को छोड़कर अवशिष्ट सभी प्रलेखों में अंतरी पुरुष वर्गीय है। अकारादि क्रम 1-3 में मसूदा के सामन्त की पीढ़ी द्वय, अकारादि क्रम 4 एवं 20 में नाथपंथी- 'आयस एवं जोगी' अकारादि क्रम 25 में 'मंदिर चारभुजा' एवं अवशिष्ट में ब्राह्मण अंतरी है।

अकारादि क्रम 1-3 में शक्ति संतुलन के आधार पर सामंत सृजन की भावना प्रधान है। अकारादि क्रम 4, 6-25 में इहलोक एवं परलोक हिताय की भावना अनुप्रेरक के रूप में कार्य

करती है। अकारादि क्रम 5 में सामाजिक जीवन की सीमा में विधि निषेध व्यवस्था की प्रतिष्ठा का प्रश्न प्रमुख है। इहलोक हिताय एवं परलोक हिताय भावना का केन्द्र बिंदु है- अंतरक के उपास्य देव का प्रसन्नता जन्य अनुग्रह। फलतः अंतरण का उद्देश्य है उपास्य देव के विग्रह को समर्पण।

अकारादि क्रम 4 में शिव प्रतिये, अकारादि क्रम 6-8 में किसनारपण, अकारादि क्रम 8, 9, 13, 21 में परमेसर प्रीति हेतु अंतरण कार्य सम्पादित किया गया है। कुछ प्रलेखों में दान की परम्परागत औपचारिकता के निर्वाह की दृष्टि से अंतरण कार्य सम्पादित हुआ है। अकारादि क्रम 11 में 'ब्राह्मण को दी', अकारादि क्रम 12 में 'धरम किनो', अकारादि क्रम 14, 15 में 'डोली', अकारादि क्रम 17 में 'दान एवं डोली', अकारादि क्रम 20 में 'उदक्त', अकारादि क्रम 24 में 'पुण्यार्थ भूमि' अंतरित की गई है। कुछ प्रलेखों में विशिष्ट अवसर- पुण्यकाल पर दान देने की धारणा से अनुप्रेरित भू-अंतरण कार्य सम्पादित हुआ है- 'चन्द्रग्रहण' के अवसर पर अकारादि क्रम 10 में 'सत कीयो जद' अकारादि क्रम 11 में 'गरुड़ पुराण पाठ' के अवसर पर, अकारादि क्रम 23 में 'छः माही श्राद्ध', अकारादि क्रम 25 में 'चारभुजा की सेवा-पूजा एवं बाल भोग की व्यवस्था' हेतु भू-अंतरण व्यवस्था सम्पादित हुई है।

अकारादि क्रम 5 में न्यायिक संस्था की प्रतिष्ठा हुई है। इसके अतिरिक्त सभी प्रलेखों में भू अंतरण का प्रश्न मूल आधार है। अकारादि क्रम 1-3 में अंतरी को जमाबंदी (भू-राजस्व) एवं बाव (उपकर) प्रतिफल के रूप में देता है। अकारादि क्रम 4 एवं 6-25 अंतरी को अंतरित भूमि के प्रतिफल में कुछ भी नहीं देना है क्योंकि किसी भी प्रकार के लगान (भूराजस्व एवं किराया) की अदायगी के लिए उल्लेख नहीं है। अकारादि क्रम 16 में 'घूमौ सदाबंद ला छ तो लगसी' से प्रतीत होता है कि कोई धनराशि इस प्रलेख के निष्पादन की तिथि से पूर्व ही अंतरी, अंतरक को दे रहा है। अकारादि क्रम 21 में 'घूमा का रुपया लगछ सा लाग्या जासी' लिखा है। इससे प्रतीत होता है कि यह राशि भू-अंतरण के प्रतिफल के रूप में नहीं अपितु यह एक प्रकार का 'ग्राम विकास व्यवस्था सम्बन्धी कर' है, कृषि भूमि सम्बन्धी नहीं।

अंतरित भूमि का नाप अकारादि क्रम 1-3 में अंकित नहीं है, वरन् इनके द्वारा सनद में निदित 40 गांवों की सीमा-परगना मसूदा जो भौगोलिक दृष्टि से मौके पर विद्यमान हो, उसे स्वीकार किया गया है। अकारादि क्रम 4 एवं 6-25 नें भू-मापत का आधार क्षेत्रफल बीघा में गुहीत है। अंतरित भूमि का क्षेत्रफल 3 बीघा से लेकर 187 बीघा तक है। अकारादि क्रम 18 से संकेत मिलता है कि भू-मापन कार्य में 84 हाथ की डोरी काम में ली जाती थी।

अकारादि क्रम 18 में भू-सीमन का पूर्ण वितरण उपलब्ध है। इसमें पूर्व, पश्चिम उत्तर एवं दक्षिण वर्ती पार्श्व में स्थित भूखण्डों को संकेतित किया गया है। अकारादि क्रम 6-9, 11-13, 15-16 में भू-सीमन सम्बन्धी उल्लेख नहीं है। अकारादि क्रम 10, 14, 15, 19, 20, 21-25 में भू-सीमन के सम्बन्ध में स्थूल संकेत इस प्रकार लिखे गए हैं- 'नदी के ढाव' (नदी के ढलान में), 'गेलां बच' (रास्ते के बीच) आदि।

मसूदा पुरालेखागार में रखे भू-प्रलेखों में सिंचाई के साधनों के आधार पर भूखण्ड की प्रकृति एवं श्रेणियों के संकेत भी मिलते हैं। अकारादि क्रम 4 में पीवल, अकारादि क्रम 8 में चड़स 13 बीघा, सियालु 38, अकारादि क्रम 10 में 'कुवां-बावड़ी' की जमीन- चड़स 1, अकारादि क्रम 18 में 'ठीकलो', अकारादि क्रम 16 एवं 18 में 'जमीन', अकारादि क्रम 19 एवं 20 में 'तालाब म टूकडो', अकारादि क्रम 21 में 'चड़स भेरा पर' आदि शब्द भूखण्ड की श्रेणी एवं प्रकार की ओर संकेत करते हैं। कुआं, बेरा, भेरा, बावड़ी, चड़स, उनाली, पीप आदि शब्द कुएं से सिंचित भूमि को दर्शाते हैं जबकि 'गोरम्यो' तथा 'ढीकलो' शब्दों का अर्थ तालाब द्वारा सिंचित भूमि है। 'तालाब में टुकड़ो' का आशय तालाब के क्षेत्र में नीचे की भूमि से है। कांकड़ एवं जमीन का आशय असिंचित भूमि से है। इसी प्रकार चाही, तालाबी, आबी एवं बारानी श्रेणियों के संकेत भी दिए गए हैं।

अंतरण अवधि में शाश्वतता एवं निरंतरता की भावना ध्वनित होती है। अंतरक की इच्छा है कि उसके जीवनोपरांत भी अंतरित भूमि का अंतरी एवं अंतरी के वंशजों द्वारा निर्बाध रूप से उपभोग होता रहे, अनुपालक के रूप में चाहे संगोत्रीय उत्तराधिकारी हो चाहे अगोत्रीय। अकारादि क्रम 6, 8, 10-13, 25 में शाश्वत अंतरण का उल्लेख है- 'पीडी दर पीडी खायां जाज्यो', 'पोता पीडच्य दर पीडच्य पाया जासी, उत्तरण पाव नहीं'। आदि ऐसे शाश्वत अंतरण सूचक वाक्य एवं उक्त शब्द साथ-साथ प्रयुक्त हुए हैं।

अकारादि क्रम 3 में डोली (किराया मुक्त अनुदान) इस प्रकार के भूखण्डों को अकारादि क्रम 40-6-25 में आधार माना गया है- देने के अधिकार पर प्रतिबंध लगाया गया है किंतु वि.सं. 1863 में प्रतिबंध होते हुए भी डोली के अधिकार का उपभोग अकारादि क्रम 20 एवं 23 में मसूदा के इस्तिमरारदार ने किया है।

प्रलेख के अंतिम चरण से पहले वाले भाग में प्रमाणीकरण की सीमा का उल्लेख किया गया है। सर्वप्रथम प्रलेख में अंतरक की एषणा (ट्रांसफरर्स इन्टेन्शन) का संकेत किया गया है। इस तथ्य की व्यंजक शब्दावली अकारादि क्रम 21 में 'श्री परवानगी' अकारादि क्रम 10 में 'संकल्प कीयो सो सही', अकारादि क्रम 21 में 'कास परवानी श्रीमुख सही', का प्रयोग मिलता है।

प्रलेख के अंतिम चरण में प्रलेखकार के हस्ताक्षर हैं। इन प्रलेखों से यह ज्ञात नहीं हो पाता कि प्रलेखकार सामंत सेवा में नियुक्त कोई इकाई है या प्रलेखकार श्रेणी की कोई स्वतंत्र इकाई! प्रलेखकार अपने हस्ताक्षर द्वारा प्रमाणित करता है कि यह प्रलेख सामंत की इच्छा या आदेश पर निष्पादित किया गया है, तथ्य सामंत के वरिष्ठ राजस्व अधिकारी की सहमति का अभिव्यंजक भी है। सभी प्रलेखों में इस सार पर तिथि का अंकन किया गया है। इस संदर्भ में चंद्र मास, आवृत तिथि, वार तथा विक्रम संवत का अंकन है। मसूदा पुरालेखागार के समस्त प्रलेखों का निष्पादन विक्रम संवत 1686 से 1878 के बीच की अवधि में हुआ है।

प्रलेख लेखन की दृष्टि से इस पर अंतरक की स्वीकारोक्ति अनिवार्य है। इस दिशा में अंतरक अपने हस्ताक्षर न करके केवल स्वीकारोक्ति सूचक शब्दों को लिपिबद्ध कर देता है। अकारादि क्रम 4-5, 9, 12 में 'राम सही' अकारादि क्रम 1-3 एवं 16-18 में 'सही छै' का उल्लेख हुआ है। कागज पर लिपिबद्ध पट्टों में स्वीकारोक्ति मूलक उल्लेख के ऊपर है। अंतरक की मुद्रा पुष्टि की आवृति का बोध कराती है। ताम्रपत्रों पर इस प्रकार का मुद्रांकन नहीं है।

प्रथम श्रेणी एवं द्वितीय श्रेणी के प्रलेख में अंतर केवल तृतीय चरण, षष्ठ चरण एवं आंशिक रूप से नवम् चरण में संनिहित है। प्रथम कोटि के तृतीय चरण के अनुसार दो इकाइयां अंतरक एवं अंतरी प्रधान हैं। द्वितीय श्रेणी का प्रलेख एक राजीनामा है जो स्थानीय जनजाति के दो व्यक्तियों 'सांड़ला' एवं 'धाना' के मध्य हुआ है। इसमें मसूदा के तत्कालीन इस्तिमरारदार को सम्बोधित किया गया है। वही इस्तिमरारदार स्वयं एक पक्ष के रूप में भी स्वीकार किया गया है। क्योंकि इस समझौते में इन्हें बाध्य किया गया है कि- प्रलेख की सुरक्षा का दायित्व मसूदा इस्तिमरारदार पर होगा। एवं प्रलेख को आवश्यकता पड़ने पर पंच के अतिरिक्त किसी के सम्मुख प्रस्तुत नहीं करेंगे। यदि करेंगे तो 50 रुपए शुल्क लेकर। इसके अतिरिक्त जो भी पक्ष इस समझौते का पालन करने में असक्षम रहेगा उस पर निर्धारित आर्थिक दण्ड रूप में धनराशि मसूदा इस्तिमरारदार को मिलेगी।

इस प्रलेख का उद्देश्य दो पक्षों- 'सांड़ला' एवं 'धाना' में उत्पन्न 'पुरसगारी विवाद' (Service in Community Meals) है। इसकी निवृत्ति दोनों पक्षों के पारस्परिक सहयोग एवं इस्तिमरारदार के प्रयत्नों पर निर्भर है। दोनों पक्षों की पंचायत के सर्वसम्मति के निर्णय द्वारा विवाद का अंत हुआ है। किसी भी पक्ष द्वारा इस निर्णय का उल्लंघन किए जाने पर गीरत 12 रुपए, मन दाणा 24 मण एवं उपरांत ग्यरा का 4 मूल्य 44 रुपए दण्ड रूप में इस्तिमरारदार के कोषागार में जमा कराना होगा। यह भी निर्णय लिया गया कि निर्णय ताम्रपत्र इस्तिमरारदार के पास सुरक्षित रहेगा। आवश्यकता पड़ने पर पंचायत के अतिरिक्त कोई भी व्यक्ति या पक्ष देखने के लिए नहीं मांग सकेगा। यदि कोई मांगे तो इस्तिमरारदार को 50 रुपया खर्च के जमा करवाए।

इस ताम्रपत्र पर इस्तिमरारदार का सत्यापन अन्य प्रलेखों के समान ही विद्यमान है पर पंचायत के दोनों पक्षों के प्रतिनिधियों की स्वीकारोक्ति मूल वाक्यावलि या हस्ताक्षर नहीं हैं। संभवतः तत्कालीन इस्तिमरारदार की स्वीकृति या सत्यापन का साक्ष्य ही दोनों पक्षों के लिए पर्याप्त है तथा इस सत्यापन में ही दोनों पक्षों की स्वीकृति अनुस्यूत है। इस ताम्रपत्र से प्रतीत होता है कि इस्तिमरारदार जनजातियों में भी आस्था प्राप्त व्यक्ति हो गया था।

इस प्रकार मसूदा अभिलेखागार के अभिलेखों से सामंती युग की अनेक परम्पराओं, व्यवस्थाओं एवं सामाजिक विश्वासों की जानकारी मिलती है।

❑❑❑

अध्याय - 14

कानोड़ ठिकाने की पट्टा-बहियाँ

कानोड़ ठिकानेदार, मेवाड़ रियासत का प्रथम श्रेणी का उमराव था। इस ठिकाणे के सामंत, चूंडा के भाई अज्जा के पुत्र सारंगदेव के वंशज हैं। वे सारंगदेवोत कहलाते हैं। उनकी उपाधि रावत थी। कानोड़ ठिकाने के संग्रहालय में रियासत कालीन अनेक दस्तावेज संगृहीत हैं। इनमें पत्राचार, पट्टा, बहियां, चौपनियां, नत्थियां, आदि उल्लेखनीय हैं। इस सामग्री का कुछ अंश, श्रीमती सरयूदेवी ओझा संग्रह में उपलब्ध है।-इसमें पट्टे, परवाने, रुक्के एवं अधिकारियों के पत्र उपलब्ध हैं जिनसे उस काल की राजनीतिक, सामाजिक, धार्मिक, आर्थिक स्थितियों की जानकारी मिलती है। इन दस्तावेजों से मेवाड़ राज्य द्वारा लगाए गए विभिन्न प्रकार के करों की भी जानकारी मिलती है। इनमें एक कर **'खड़लाकड़'** भी था जिसका उल्लेख इस संग्रह के परवानों में हुआ है। यह कर लकड़ी एवं चारे के रूप में लिया जाता था। जब महाराणा अपने राज्य में दौरा करता था, तब गांव के लोग खड़लाकल के रूप में यह कर दिया करते थे। खड़लाकल न दिए जाने की स्थिति में एक रुपया प्रतिदिन की दर से शास्ति लगाई जाती थी। कुछ पत्रों से पड़ौसी जागीरों से सीमा सम्बन्धी विवादों की जानकारी मिलती है। सीमाओं पर मवेशियों की चोरी की घटनाओं की बड़ी संख्या में जानकारी मिलती है।

कुछ दस्तावेजों से ज्ञान होता है कि राज्य में मराठों के उपद्रव बढ़ जाने के बाद से **'मुकाता'** कर प्रणाली का अधिक प्रचलन हो गया था। कुछ दस्तावेजों से मेवाड़ राज्य की पट्टादारी व्यवस्था पर अच्छा प्रकाश पड़ता है। यह व्यवस्था मुगलों की मनसबदारी व्यवस्था की समानांतर एवं उसके जैसी ही थी। महाराणा प्रसन्न होने पर कुछ लोगों को गांव देते थे और अप्रसन्न होने पर गांवों को जब्त कर लेते थे। कुछ दस्तावेजों से जानकारी मिलती है कि इस काल में सेना का संचालन महत्वपूर्ण महाजनों एवं कायस्थ अधिकारियों को दिया जाता था। राज्य के सामंत इसी महाजन अथवा कायस्थ अधिकारी के अधीन रहकर लड़ते थे। कुछ अभियानों का नेतृत्व धाभाई करते थे।

कानोड़ ठिकाने की एक बही श्रीमती **मांगबाई ओझा संग्रह** में संगृहीत है। इस बही में 382 पट्टों की नकल है। यह बही 19वीं शताब्दी में कानोड़ क्षेत्र का भू-राजस्व एवं प्रशासनिक इतिहास जानने में महत्वपूर्ण सामग्री उपलब्ध कराती है। पट्टा का अर्थ उस धृति से होता है जो किसी को प्रदत्त की हुई हो। ऐसी प्रदत्त जागीर, जमीन, खेत, द्रव्य, सम्पत्ति भवन किराया, राज्य चुंगी और लागत का अंश होती थी। यह प्रदतियां पत्राधिकार अथवा ताम्रपत्र द्वारा प्रदान की जाती

थीं। इनकी प्रतिलिपियां पट्टा बहियों में लिखी होती थी। इस कारण इन बहियों में उस काल की राजनीतिक व्यवस्था, सामाजिक व्यवस्था, धार्मिक विश्वास आदि का अनायास ही उल्लेख हो जाता था। कानोड़ ठिकाने की पट्टाबही सिमटी हुई स्थिति में 11 इंच लम्बी तथा 7 इंच चौड़ी है। इस बही के पृ. 1, 2, 4, 44 एवं 45 आधे फटे हुए हैं। रावत उम्मेदसिंह (ई.1850-83) कालीन पट्टाबही में दो पट्टे उम्मेदसिंह के पिता रावत अजीतसिंह द्वारा जारी किए हुए हैं। एक पट्टा ठाकुर सालमसिंह तथा एक पट्टा ठाकुर वैरिशाल द्वारा प्रदत्त है।

इस पट्टा बही से हमें कानोड़ ठिकाने की आर्थिक स्थिति का भी ज्ञान होता है। आवासीय भू-आवंटन के पट्टों तथा कृषि भूमि से सम्बन्धित पट्टों से हमें भूमि श्रेणिकरण की भी जानकारी मिलती है। यह श्रेणिकरण उत्पादन के आधार पर किया जाता था। इस बही के पट्टों से ज्ञात होता है कि **पीवल** भूमि का अर्थ ऐसी सिंचित भूमि से था जिसकी सिंचाई कुएं, तालाब अथवा नहर से होती हो। **माल अथवा मालेटी** ऐसी भूमि को कहते थे जिसमें बिना सिंचाई के रबी की फसल होती थी। **मगरा** पहाड़ी पर स्थित भूमि को कहते थे। **बीड़ अथवा बीडा** घासयुक्त भूमि को कहते थे जहाँ मवेशी चराए जाते थे। **रांखड़ या रांकड़** बंजर तथा अनउपजाऊ भूमि को कहते थे। **उसर** भूमि का अर्थ था जिसमें लवण की मात्रा अधिक हो। **पड़त भूमि**, उपजाऊ होते हुए भी बिना खेती के छोड़ी गई भूमि को कहते थे। **वालरा** उस भूमि को कहते थे जो पहाड़ी ढलानों पर स्थित थी तथा जिन पर हल नहीं चलाया जा सकता था। **गोरमा** उस खेत को कहते थे जो गांव के पास होता था और जिसमें वर्षा के समय गांव का पानी भरता था। कोयड़ उस भूमि को कहते थे जिसमें तिल, उड़द, मूंग आदि तिलहन एवं दलहन पैदा होते थे। उपज की दृष्टि से कोयड़ तथा पीवल सर्वश्रेष्ठ, माल अथवा मालेटी मध्यम तथा शेष भूमि कमजोर मानी जाती थी। इस बही से ज्ञात होता है कि उस काल में कुछ ब्राह्मण भी खेती करते थे। 15 सितम्बर 1873 के एक पट्टे में पुरोहित दौलतराम जोतराम केथुराम को एक पट्टा जारी किया गया है।

इस बही के पट्टों से ज्ञात होता है कि धर्मार्थ दान-पुण्य में दी गई भूमि अधिकांशतः रांकड़ हुआ करती थी जिससे कि सम्बन्धित व्यक्ति उस जमीन को परिश्रम करके कृषि योग्य बनाए और अपना जीवन निर्वाह करे। यों भी पुण्यार्थ भूमि से ठिकाने को राजस्व नहीं मिलता था। इसलिए ठिकानेदार, बंजर भूमि को आबाद करने तथा पड़त की भूमि को निरंतर हांकने पर बल देता हुआ कृषकों को कुछ सुविधाएं प्रदान करता था। 10 जून 1868 के एक पट्टे में ठिकानेदार ने इच्छा व्यक्त की है कि बंजर जमीन हांककर आबाद करें। इस पर पहले छटो वाटो (छठा हिस्सा), दूसरे वर्ष पांचवा, तीसरे वर्ष चौथा, चौथे वर्ष तीसरा वाटा लिया जाएगा। 17 जुलाई 1870 के एक पट्टे में लिखा गया है कि- 'खेत एक पड़त है उसे हांकना, बोलना और हासल, भोग, लागत वलगत (लाग-बाग) में कसर मत करना और जमीन पर खुशी से कुआं खोदना। पहले वर्ष का वाटा (हिस्सा) चौथा लिया जाएगा, इसके बाद लेते आवे उसके अनुसार लिया जावेगा। 31 अगस्त 1873 को नानजी गाड़री को दिए गए एक पट्टे में लिखा है कि जमीन पड़त

नहीं रहनी चाहिए। 22 जुलाई 1876 को कीकावास के हीरा जाट को दिए गए पट्टे में लिखा है कि काम कमाई में कसर न रखें वरन् यह जमीन किसी अन्य को दे दी जाएगी।

19 अगस्त 1856 के एक पट्टे से ज्ञात होता है कि उस काल में वर्ष में दो फसलें ली जाती थीं जिन्हें सियालू (खरीफ) तथा उन्हालू (रबी) कहा जाता था। इस पट्टे में लिखा है कि हमेर खां को 22 मण धान साख (फसल) सियालू में तथा 22 मण धान साख उन्हालू में दिया जाएगा। इस पट्टा बही से उस काल के भू-राजस्व एवं करों के बारे में ऐसे तथ्य उजागर होते हैं जो अन्यत्र प्राप्त होने कठिन हैं। जागीरदार द्वारा भोग की निश्चित राशि के साथ-साथ कृषि उपज का दसवां भाग भी लिया जाता था जिसे दसूंद कहा जाता था। एक मण के साथ सवामण लिया गया भोग सवाणा कहलाता था। भोग यदि सवा गुणा लिया जाता था तो उसे सवाई लागत कहते थे। खलिहान में एक लागत और लगती थी जिसे सूंखड़ी कहते थे जैसे ठिकानेदार सूंखड़ी। राजकुमार के नाम पर वसूल की गई अतिरिक्त राशि कुंवर मटकी (कुंवर सूंखड़ी) कहलाती थी। 'गांव-गजरा की लागत' नामक कर गांव का सामूहिक पंचायतन चंदा होता था।

फसल के पकने तथा काटने से पहले, किसानों से कड़पा की लागत ली जाती थी। 7 जून 1860 को अजीतसिंह चूण्डावत को दिए गए पट्टे में कड़पा माफ किया गया था। कूंता निश्चित करने आए हुए लोगों, घोड़ों, सिपाहियों, देवता आदि के लिए पारम्परिक खुराक की निश्चित राशि को नूंद एवं गोठ कहते थे। गांव से ठिकानेदार को दी गई नूंद या गोठ को रावली नूंदर या रावली गोठ कहते थे। 30 जुलाई 1857 के एक पट्टे में देवता की गोठ, 11 मार्च 1878 के पट्टे में नूंद का उल्लेख हुआ है। पट्टों में चाकरी (सेवा) एवं छटूंद (1/6 भाग), का उल्लेख भी आया है। कृषि से सम्बन्धित एक कर खड़ लाकड़ भी था। खड़ का अर्थ घास एवं लाकड़ का अर्थ लकड़ी होता है। यह कर ठिकाने की प्रजा से वसूल करके राज्य में जमा करवाया जाता था। 30 जुलाई 1857 के एक पट्टे में उल्लेख किया गया है कि जगह की रेख, उपज के अनुसार छटूंद, बराड़, खड़लाकड़, देवता की गोठ सदैव से लागत लगती आई, वह लेवें। 14 अगस्त 1855 को जीवराज नागौरी को दिए गए पट्टे में लिखा है- 'श्री रावली तरफ से 62 रुपए जगात (दान, कर, वसूल, खैरात) लेकर जगह दी।'

जब शिल्पी, ठिकाणेदार को कर नहीं देकर महीने में एक दिन ठिकाणेदार का काम करता था तो उसे बैठ-बेगार कहते थे। 5 जुलाई 1856 को बहु झालीजी को दिए गए पट्टे में लिखा है कि बैठ-बेगार भाइयों के गांवों से ली जाएगी। 31 अगस्त 1873 को नानजी गाडरी को दिए गए पट्टे में लिखा है कि राजीखुशी से कुआं खोदना .... लागत विगलत, बैठ-बेगार, धारता के अनुरूप है। 19 जुलाई 1874 के एक पट्टे में सेणकाई तथा अदकर की लागत का उल्लेख है। 12 अगस्त 1876 के एक पट्टे से ज्ञात होता है कि पटवारी, सेहणा, बलाई का धान भोग एक मण पर ढाई सेर कातीसरा का, पटेल देवा के गांव गजरों टांक दें। पटेल देवा के बैठ-बेगार नहीं रखनी, बैठ-बेगार होवे तो धणी की मरजी। 2 जनवरी 1877 को गमेती, वेणा, लखा, पेमा आदि को नया खेड़ा बसाकर आबाद करने का पट्टा प्रदान किया। उससे ज्ञात होता है कि तीसरे वर्ष में लाटा-कूंता और इसके बाद हांसल, भोग, लागत वलगत, उगाई परगना के अनुरूप देते रहना। भोग

एवं कूता की पांती 6 में सवा लिया जाएगा। उगाई सानदी (प्रति सामद एक बीघा की फसल) प्रति सवा रुपया लिया जाएगा। लागत-वलगत, बैठ-बेगार परगना सरसते (अनुरूप) देते रहना। पट्टों में बार-बार लिखा गया है कि हांसल एवं भोग में किसी भी प्रकार की कमी मत आने देना।

ठिकाने की आय को बढ़ाने एवं अपने उपसामंतों का विश्वास प्राप्त करने के लिऐ ठिकानेदार समय-समय पर नवीन खेड़ा बसाने के लिए पट्टे जारी करता था। इन नवीन खेड़ों से हांसल, भोग, लाग-बाग के रूप में द्रव्य लिया जाता था। ठिकाने में बाहर से माल लाने एवं ठिकाने का माल बाहर ले जाने के लिए दाण, मापा (बिक्रीकर) और बिस्वास के प्रचलित राजस्व के साथ कई प्रकार की लागत ली जाती थी। ऐसी लागत प्रति बैलगाड़ी, प्रति बैल या पोठ्या, गधा एवं ऊँट पर ली जाती थी। जमीन-जायदाद बेचने पर जगात लिया जाता था। महाजनों एवं व्यापारियों से दुमाला कर लिया जाता था। ठिकानेदार की नौकरी के बदले वेतन नगद नहीं दिया जाता था अपितु वर्ष भर का धान एवं भूमि अनुदान रूप में दी जाती थी। इस प्रकार की भूमि का उपयोग व्यक्ति ठिकानेदार की नौकरी में रहते हुए ही कर सकता था।

19 अगस्त 1856 को हमेर खाँ फेरणा को दिए गए पट्टे में लिखा है कि- 'रोजगार वर्ष एक साख (फसल) 2, मास 12 का धान 45 मण और कपड़ों के 24 रुपए देने हैं इसलिए साख से साख प्राप्त कर लें। घोड़े फेरें और आदेशानुरूप घर में जेठ सुदि 15 को क्रमशः साढ़े बाइस मण धान, नगद रुपए 12 दिए जाएंगे। 4 जुलाई 1866 को मोची तुलछा को सवा ग्यारह बिस्वा के बाड़े का पट्टा दिया गया है जिसमें लिखा है कि यह बाड़ा सरकारी तरफ से है अतः कमाई करना और आदेशानुसार सेवा करना।

इस प्रकार इस पट्टाबही में कानोड़ ठिकाने की भू-राजस्व एवं कर व्यवस्था की विश्वसनीय जानकारी मिलती है।

❑❑❑

अध्याय - 15

सामंती व्यवस्था के प्रकाश-स्तम्भ उनियारा ठिकाने के पुरालेख

जयपुर रियासत का उनियारा ठिकाना चौदहवीं शती ईस्वी में जयपुर नरेश उदयकर्ण के पुत्र राव बरसिंह के समय अस्तित्व में आया। रियासती काल में यह जयपुर रियासत के अंतिम छोर पर बूंदी रियासत की सीमा के निकट स्थित था और अब यह टोंक जिले में स्थित है। इस ठिकाने के अभिलेख फारसी, राजस्थानी, उर्दू, मराठी एवं अग्रेंजी भाषा के हैं। उनियारा के रावराजा राजेन्द्रसिंह ने इन अभिलेखों को आठ बक्सों में सुरक्षित करवाया। इन अभिलेखों को बक्सों में रखने से पहले बस्तों में बांधा गया है। इन अभिलेखों में फरमान, पट्टे, परवाने, रुक्के, पत्र, ताम्रपत्र, वंशावली, सनद तथा हुक्मनामा आदि का संग्रह है। उनियारा के अभिलेखों से ज्ञात होता है कि यह ठिकाना कच्छवाहों की नरुका शाखा के अंतर्गत था। इन अभिलेखों से उनियारा की भौगोलिक स्थिति, राजनीतिक इतिहास, उनियारा के जागीरदारों का वंशक्रम, उनकी उपलब्धियां, उनियारा के जयपुर के कच्छवाहों, दिल्ली के मुगल शासकों, मराठा सरदारों एवं अंग्रेज अधिकारियों से सम्बन्धों की जानकारी मिलती है।

फारसी भाषा के अभिलेख

उनियारा ठिकाने के फारसी भाषा के अभिलेख बॉक्स संख्या 2, 3 एवं 4 में संगृहीत हैं। इनकी संख्या लगभग 1200 है तथा ये 15वीं शताब्दी से लेकर 19वीं शताब्दी तक की अवधि के हैं। इन अभिलेखों से उनियारा के जागीरदारों एवं मुगल शासकों के सम्बन्धों की जानकारी मिलती है। बॉक्स संख्या 2 में फ्रेम में जड़े हुए कुछ पुरालेख अत्यंत महत्व के हैं। अभिलेख संख्या 1 के अनुसार शाहजहाँ ने उनियारा के ठाकुर चन्द्रभान नरूका को 1500 सवार का ओहदा तथा उनियारा, नगर, ककोड़ एवं बनेठा नामक चार परगने जागीर के रूप में दिए थे। इस दस्तावेज पर शादूल्ला खां बन्दा शाहजहाँ की मुहर लगी हुई है।

अभिलेख संख्या 2 पर हिजरी सन् 1089 का उल्लेख है तथा वन्दे दरगाह नरोत्तमदास की मुहर है, यह अभिलेख चन्द्रभान नरूका के इन परगनों पर अधिकार की पुष्टि करता है। अभिलेख संख्या 3 में 1617 ईस्वी की तिथि अंकित है। इसमें ठाकुर चंद्रभान का इन परगनों में अमल-बरामद कराने के सम्बन्ध में लिखा गया है।

फारसी भाषा के अभिलेखों में बॉक्स संख्या 2, बस्ता संख्या 1 में निहित अभिलेख संख्या 8 से भी उनियारा एवं मुगल शासकों के मित्रतापूर्ण सम्बन्धों की जानकारी होती है। यह अभिलेख फरमान के रूप में है तथा मुगल बादशाह शाहआलम द्वारा उनियारा के रावराजा के नाम जारी किया गया है। इसमें उनियारा के रावराजा से अंग्रेजों के विरुद्ध सहायता के लिए आग्रह किया गया है। बॉक्स संख्या 2 बस्ता संख्या 4 के अंतर्गत अभिलेख संख्या 26 हिजरी 1234 का है। यह फारसी और राजस्थानी भाषाओं में लिखा गया है। इसमें उनियारा के रावराजा भीमसिंह के गुमास्ता को बमोर आदि गांवों पर अमल दिलाने हेतु इन गांवों के पटेल एवं पटवारियों को लिखा गया है।

उनियारा के कतिपय फारसी अभिलेखों से उनियारा एवं जयपुर राज्य के बीच राजनीतिक, सैनिक प्रशासनिक, आर्थिक सम्बन्धों पर भी जानकारी मिलती है। बॉक्स संख्या 3 के बस्ता संख्या 15 में रखे अभिलेख संख्या 5 जो कि एक हुकमनामा है तथा यह अदालत फौजदारी राज सवाई जयपुर द्वारा उनियारा के रावराजा को मोजा गोठेड़ा में थाना स्थापित करने के सम्बन्ध में जारी किया गया है। इस पर सवाई रामसिंह की मुहर और दिनांक 16 दिसम्बर 1844 अंकित है। इसी हुकमनामे में राजस्थानी भाषा में लिखा गया है कि उनियारा के रावराजा को मोजा गोठेड़ा में थाना स्थापित करने दिया जाए जिससे कि वहाँ बढ़ती हुई चोरी, अव्यवस्था एवं बदचलनी को व्यवस्थित किया जा सके। इस अभिलेख से स्पष्ट है कि उनियारा के रावराजा को पुलिस एवं प्रशासन सम्बन्धी अधिकार पूर्ण रूप से प्राप्त थे। बॉक्स संख्या 3 के बस्ता संख्या 15 के अभिलेख संख्या 4, 8, 9, 11 से 18 तथा बस्ता संख्या 16 के अभिलेख संख्या 1 से 5, 13 से 26 उनियारा के शासकों के पुलिस एवं न्याय सम्बन्धी अधिकारों को पुष्ट करते हैं।

फारसी भाषा के अभिलेखों से उनियारा के टोंक एवं बूंदी राज्यों के साथ सम्बन्धों की जानकारी होती है। बॉक्स संख्या 2 के अभिलेख संख्या 40, 67, 68, 83, 84, 85 एवं 86 उनियारा एवं टोंक के मध्य साखना एवं करोटी मोजों के झगड़ों की जानकारी मिलती है। बॉक्स संख्या 57 के बस्ता संख्या 6 के अभिलेख संख्या 7 से भी इसी विवाद की जाकारी मिलती है। बॉक्स संख्या 2 के बस्ता संख्या 3 के अभिलेख संख्या 1 एवं 26 मोजा ताखोली, जजावल, बुर्दली, देवरी, बोसरा, मालून्दा धार आदि के सम्बन्ध में उनियारा एवं बूंदी के मध्य भूमि एवं सीमावर्ती विवादों के बारे में ऐतिहासिक जानकारी मिलती है। ये अभिलेख हिजरी 1236 के हैं।

फारसी अभिलेखों के बॉक्स संख्या 4 के बस्ता संख्या 6 में अभिलेख संख्या 2, 3, 17, 19अ, 21, 22 एवं 24 उनियारा के प्रति अंग्रेजी सरकार की नीति एवं सम्बन्धों पर प्रकाश पड़ता है। अभिलेख संख्या 17 से विशेष रूप से अंग्रेजों की उनियारा के प्रति नीति का स्पष्टीकरण देखने को मिलता है। यह अभिलेख हिजरी 1201 (ई.1814) का है। इस अभिलेख से कलकत्ता स्थित उनियारा के वकील केसरीसिंह ने उनियारा के रावराजा भीमसिंह का ध्यान आकर्षित किया है कि अंग्रेजों की यह नीति है कि जिस वक्त एवं परिस्थिति में किसी भी राज्य को सहायता की आवश्यकता होगी उसे सैनिक सहायता तुरंत पहुंचाई जाती है। इसी प्रकार अंग्रेजों की यह भी

नीति है कि बिना कारण अंग्रेज किसी भी क्षेत्र में हस्तक्षेप नहीं करेंगे। इस दृष्टि से आप (उनियारा के रावराजा) निश्चिंत रहें। इसी प्रकार अंग्रेजों की यह नीति है कि कोई भी कार्यवाही एवं बातचीत महाराजा सवाई बहादुर के सम्बन्ध में हो, उस बात पर कलकत्ता प्रेसीडेन्सी को पूर्ण अधिकार प्राप्त है।

बॉक्स संख्या 4 के बस्ता संख्या 10 में अभिलेख संख्या 5, 9, 24 उनियारा एवं मराठों के बीच सैनिक सम्बन्धों की जानकारी मिलती है।

राजस्थानी भाषा के अभिलेख

उनियारा अभिलेख संग्रह के राजस्थानी भाषा में लिखे हुए अभिलेख बॉक्स संख्या 1, 2, 3, 4, 5, 6, 7 एवं 8 में रखे हैं। इनकी संख्या लगभग 3000 है। ये अभिलेख भी पंद्रहवीं शताब्दी से उन्नीसवीं शताब्दी की अवधि के हैं। इनसे उनियारा की राजनीतिक, आर्थिक, सामाजिक, न्यायिक एवं प्रशासनिक स्थितियों की जानकारी मिलती है। बॉक्स संख्या 7 के बस्ता संख्या 6 के अभिलेख संख्या 43 विशेष महत्व का है। यह अभिलेख जेठ सुदी 9, शुक्रवार, संवत् 1843 का है जिसे मुकाम सांगानेर से महाराजाधिराज महाराज श्री सवाई प्रतापसिंह ने उनियारा के रावराजा बिशनसिंह को तुंगा की लड़ाई में विजय एवं शौर्य प्रदर्शन के फलस्वरूप रावराजा का खिताब, एक मोरछल और दरबार में हाजिर होने एवं वापस जाने के समय पांच तोपों की सलामी का अधिकार हमेशा के लिए प्रदान किया था।

राजस्थानी भाषा के अभिलेख में विभिन्न रियासतों से भेजे गए रुक्के एवं परवाने बड़ी संख्या में उपलब्ध हैं। इन रुक्कों एवं परवानों में जयपुर के शासकों की विशेष मुहर भी अंकित है। ये रुक्के एवं परवाने उनियारा के शासकों को विभिन्न अवसरों एवं उत्सवों आदि पर उपस्थित होने एवं सैनिक सहायता उपलब्ध कराने के सम्बन्ध में हैं।

बॉक्स संख्या 1 के बस्ता संख्या 9 के अभिलेख संख्या 705 से 708 में उनियारा के सामाजिक जीवन- विवाह, नुकते आदि परम्पराओं की जानकारी मिलती है। बॉक्स संख्या 7, बस्ता संख्या 12 के अभिलेख संख्या 415 से 418 से भी उनियारा वासियों के विवाह नुकता आदि के अवसरों पर उनकी परम्परा एवं नियमों की जानकारी मिलती है। बॉक्स संख्या 8 के अभिलेख संख्या 1 से 15 उनियारा एवं बूंदी के मध्य भूमि सम्बन्धी एवं सीमा सम्बन्धी विवादों की जानकारी मिलती है। इन विवादों को सुलझाने में जयपुर रियासत की भूमिका का भी उल्लेख आया है। बॉक्स संख्या 7 के बस्ता संख्या 3 में अभिलेख संख्या 1 से 27 के द्वारा अंग्रेजों एवं उनियारा के सम्बन्धों की जानकारी मिलती है।

संग्रह के अनेक परवानों से जानकारी मिलती है कि जयपुर के शासक समय-समय पर उनियारा के रावराजाओं को सैनिक सहायता के लिए अच्छी जमीयत भेजने का आग्रह करते थे तथा उनियारा के शासक सैनिक सहायता उपलब्ध करवाते थे। बॉक्स संख्या 6 के बस्ता संख्या 5 के अभिलेख संख्या 3 महाराजाधिराज महाराजा श्री सवाई जयसिंह द्वारा उनियारा के अजीवसिंह

नरूका को परवाना भेजा गया। इस पर मार्गशीर्ष बदि 9 संवत् 1787 तिथि अंकित है। इसमें उनियारा के रावराजा से करौली की तरफ अच्छी जमीयत भेजने एवं इसमें ढील न करने का आग्रह किया गया है। अभिलेख संख्या 1, 4, 9, 14, 15, 19 आदि में सैनिक सहायता प्रदान करने का उल्लेख किया गया है।

बॉक्स संख्या 7 के बस्ता संख्या 5 तथा बॉक्स संख्या 3 के बस्ता संख्या 12 के अभिलेखों में उनियारा एवं टोंक रियासत के सीमावर्ती विवादों की जानकारी मिलती है। अभिलेख संख्या 21 उनियारा एवं सीकर के, अभिलेख संख्या 23 उनियारा एवं झालरापाटन के, अभिलेख संख्या 24 उनियारा एवं हाड़ौती के, अभिलेख संख्या 25, 27 एवं 31 उनियारा एवं कोटा के तथा अभिलेख संख्या 35 उनियारा एवं सवाईमाधोपुर ठिकाने के सम्बन्धों पर प्रकाश डालता है।

बॉक्स संख्या 4 के बस्ता संख्या 3 में जो अभिलेख इजारा एवं व्यवहारिक पत्रों के रूप में उपलब्ध हुए हैं, उनसे उनियारा एवं मराठों के सम्बन्धों पर प्रकाश पड़ता है। बॉक्स संख्या 1 के अभिलेखों से उनियारा की प्रशासनिक व्यवस्था की जानकारी प्राप्त होती है।

उर्दू भाषा के अभिलेख

उर्दू भाषा के अभिलेख बॉक्स संख्या 7 के बस्ता संख्या 12 में संगृहीत हैं। यह लगभग 800 हैं। इनमें अभिलेख संख्या 614 से 642 विशेष महत्व के हैं। इनसे उनियारा के ऐतिहासिक स्वरूप एवं महत्व की जानकारी मिलती है। इस अभिलेख में मुंशरिम भूरामल द्वारा तैयार की गई एक कैफियत भी है जिसे ब्रिटिश सरकार के आदेश से उनियारा ठिकाना की पूर्ण तफसील प्रस्तुत करने हेतु उनियारा ठिकाने के महकमा खास में 22 फरवरी 1892 को उर्दू भाषा एवं अरबी लिपि में प्रस्तुत किया गया था। इस कैफियत में उनियारा के शासकों की पूर्ण वंशावली दर्ज है। इस दस्तावेज से ज्ञात होता है कि उनियारा के वंशज आमेर रियासत के शासक महाराजाधिराज उदयकरण के वंशज थे। इसी अभिलेख से ज्ञात होता है कि चन्द्रभान नरूका ने माघ बदी 13 संवत् 1652 में ककोड़ पर विजय प्राप्त की। संग्रामसिंह ने वैशाख सुदी 13 संवत् 1740 को उनियारा पर अधिकार प्राप्त किया, कार्तिक बदी 9 संवत् 1747 को नगर क्षेत्र पर अपना अधिकार स्थापित किया तथा संवत् 1751 में परगना बनेठा पर अधिकार स्थापित किया। रावराजा गुमानसिंह ने संत् 1933 में संग्रामसिंह को गोद लिया जो गुमानसिंह के बाद उनियारा का रावराजा बना।

ठिकाने के उर्दू अभिलेखों से उनियारा के राजस्व एवं आय की भी जानकारी मिलती है। इसी प्रकार उनियारा की दीवानी, फौजदारी व्यवस्था एवं अन्य प्रशासनिक प्रणाली की भी जानकारी मिलती है। इन अभिलेखों से उनियारा के रावराजाओं द्वारा आंवा, सांभर, भादों, तुंगा आदि युद्धों में जयपुर नरेश को दी गई सहायता की भी जानकारी प्राप्त होती है। इन अभिलेखों से उनियारा के रावराजाओं की जयपुर दरबार में प्रतिष्ठा, पद, पदवी, उपाधि, सुविधा आदि की भी जानकारी होती है।

अंग्रेजी भाषा के अभिलेख

उनियारा ठिकाने के संग्रह में अंग्रेजी भाषा में लिखे गए लगभग 700 अभिलेख सम्मिलित हैं जो कि बॉक्स संख्या 1, 3, 4, 5, 8 में विभिन्न बस्तों में बंधे हुए हैं। इनसे भी उनियारा के ऐतिहासिक महत्व पर प्रकाश पड़ता है। बॉक्स संख्या 4 के बस्ता संख्या 6 के अभिलेख संख्या 7 से 16 में उनियारा के रावराजाओं एवं अंग्रेजों के बीच सम्बन्धों का विवरण उपलब्ध है। इन अभिलेखों से इस बात की पुष्टि होती है कि उनियारा के रावराजाओं के अंग्रेजों से सौहार्दपूर्ण सम्बन्ध थे तथा उनियारा ठिकाने में शांति व्यवस्था बनाए रखने के लिए अंग्रेजों ने कई बार ठिकाने में हस्तक्षेप किया था।

बॉक्स संख्या 4 के बस्ता संख्या 5 के अभिलेख संख्या 2 एवं 4 भी ऐतिहासिक महत्व के हैं। इनसे भी उनियारा के रावराजाओं एवं अंग्रेजों के बीच सम्बन्धों पर प्रकाश पड़ता है। इस अभिलेख में जॉन स्टीवर्ट द्वारा मालवा एवं राजपूताना के रेजीडेण्ट सर डेविड ऑक्टरलोनी को लिखा गया एक पत्र मौजूद है जिसमें उनियारा ठिकाने की प्रशासनिक व्यवस्था का उल्लेख है। अभिलेख संख्या 1 से 4 एवं 97 भी उल्लेखनीय हैं। अभिलेख संख्या 97 पर 10 जुलाई 1841 की तिथि अंकित है तथा इस दस्तावेज से उस समय के जागीरदारों की स्थिति पर प्रकाश पड़ता है।

मराठी भाषा के अभिलेख

मराठी भाषा के अभिलेख बॉक्स संख्या 6, बस्ता संख्या 1 में रखे हैं। इन अभिलेखों के माध्यम से उनियारा ठिकाने एवं मराठों के सम्बन्धों का पता चलता है।

इस प्रकार उनियारा संग्रह के अभिलेख पंद्रहवीं से बीसवीं सदी में भारतीय शासन पद्धति में ठिकानेदारों की भूमिका को स्पष्ट करने की दृष्टि से अत्यंत महत्व रखते हैं।

❑❑❑

अध्याय - 16

कोशीथल के ऐतिहासिक दस्तावेज

राजस्थान के बनने से पहले मेवाड़ रियासत का कोशीथल ठिकाना महत्वपूर्ण जागीरी ठिकाना था। अब यह भीलवाड़ा जिले में स्थित एक छोटा सा कस्बा है। महाराणा राजसिंह (प्रथम) (ई.1652-80) ने कोशीथल के जागीरदार नरहरदास को 32 हजार रेख टका के गांव जागीर में दिए। महाराणा भीमसिंह (ई.1778-1828) के समय ई.1823 में कोशीथल ठाकुर कनीराम की जागीर में रेखटका 5,700 रुपये, उपत 6,900 रुपये, हाल उपत 6,600 रुपये, असवार 13, पाला 14 का पट्टा था। महाराणा स्वरूपसिंह (ई.1842-61) के समय वि.सं.1907 (ई.1850) में 8,401 रुपये रेख के गांव एवं महाराणा भूपालसिंह (ई.1930-56) के समय ठाकुर चतरसिंह के पास 15,000 रुपये रेखटका की जागीर थी। इस ठिकाने में आज भी रियासत कालीन दस्तावेज उपलब्ध हैं जिनमें समकालीन नागरिक जीवन, दण्ड विधान, भू-राजस्व एवं प्रशासनिक व्यवस्था की जानकारियां दी गई हैं। इन दस्तावेजों से ज्ञात होता है कि ठिकानेदार को अपने जागीर क्षेत्र में लगान वसूलने का अधिकार था। जागीरदार पर चोरों, डाकुओं एवं दंगाइयों से जनता के जान-माल की रक्षा करने का दायित्व था। जनता से लूटे गए अथवा चुराए गए धन का पता लगाना एवं अपराधियों को दण्ड देना भी स्थानीय जागीरदार का दायित्व था।

इन दस्तावेजों से ज्ञात होता है कि ठिकानेदार को अपने क्षेत्र में शांति एवं व्यवस्था के साथ विकास के कार्य भी करने पड़ते थे जिनमें कृषि भूमियों के विस्तार, व्यापार वृद्धि के प्रयास तथा नये खेड़ बसाने के दायित्व सम्मिलित थे। कृषि एवं अन्य भूमियों के स्वामित्व हस्तांतरण तथा नागरिकों के उत्तराधिकार के हस्तांतरण करने एवं उनके अभिलेख को संभाल कर रखने का दायित्व भी स्थानीय ठिकानेदार पर था। उसके ठिकाने से होकर निकलने वाले राजकीय अतिथियों एवं महत्वपूर्ण व्यक्तियों की सुरक्षा, भोजन, प्रवास आदि का प्रबंधन भी इन्हीं ठिकानों की ओर से किया जाता था। जागीरदार द्वारा स्थानीय जनता के झगड़ों का निस्तारण किया जाता था और यदि जागीरदार जनता पर अत्याचार करता था तो जनता महाराणा के यहाँ मुकदमा दायर करती थी। महाराणा द्वारा दिए गए निर्णयों की पालना करना भी जागीरदार का प्रमुख कर्त्तव्य था।

ई.1818 में मेवाड़ रियासत ने ईस्ट इण्डिया कम्पनी के साथ अधीनस्थ सहयोग की संधि की थी। इसके बाद ई.1823 में कोशीथल ठिकाने की चकबंदी की गई। ठिकाने के दस्तावेजों में इस चकबंदी के महत्वपूर्ण दस्तावेज उपलब्ध हैं। चकबंदी के विवरण में ठिकाने में निवास करने वाले विभिन्न जातीय समूहों के पास उपलब्ध भूमियों का विवरण, कुल घरों की संख्या, हल संख्या, कुआं संख्या, पीवल कुआं आदि की जानकारी दी गई है जो तत्कालीन ग्रामीण समाज के अध्ययन के लिए महत्वपूर्ण सामग्री है। इस विवरण के अनुसार सर्वाधिक आबादी महाजनों की थी जिनके 95 घर थे। इन वर्ग के पास कोई हल अथवा किसी प्रकार की कृषि भूमि नहीं थी। महाजनों की उपस्थिति के कारण कोशीथल मेवाड़ रियासत का प्रमुख व्यापारिक स्थल था। महाजनों के बाद दूसरा समुदाय कृषकों का था जिसमें जाट एवं अहीर प्रमुख थे। इनके पास घरों से अधिक हल थे जिससे अनुमान लगाया जा सकता है कि ये लोग संयुक्त परिवारों में रह रहे थे तथा कृषि पैदावार से ठिकाने को अच्छी आय होती थी। दस्तावेजों के आधार पर सिद्ध होता है कि उस काल में कोशीथल ठिकाने में तीसरा बड़ा समुदाय शिल्पियों एवं कर्मकारों का था जिनमें लुहार, नीलथर, तम्बोली, चमार, नाई, भील आदि विविध जातियां थीं। इनके पास भी हल एवं कृषि भूमि नहीं थी तथा इस समुदाय के लोगों की संख्या भी कम थी।

कोशीथल के कुछ दस्तावेजों से ज्ञात होता है कि अकाल एवं महामारी आदि की दशाओं में ठिकाने की ओर से व्यापारिक करों में छूट दी जाती थी। जनता द्वारा व्यापारियों को चुकाए जाने वाले बकाया में ठिकानेदार द्वारा जनता को सहयोग भी दिया जाता था। कुछ बैंकिंग सम्बन्धी दस्तावेज भी उपलब्ध हैं जिनसे ब्याज दरों, ऋण के पुनर्भुगतान की शर्तों एवं व्यवाय सुरक्षा आदि से सम्बन्धित जानकारी मिलती है। कुछ दस्तावेजों से तत्कालीन परिवहन साधनों की जानकारियां मिलती हैं जिनमें बैलगाड़ियों एवं पशुओं का उल्लेख हुआ है। इन दस्तावेजों से ज्ञात होता है कि बंजारा जाति के लोग दूर-दूर तक परिवहन का काम करते थे। वि.सं.1908 (ई.1851) के दस्तावेजों में महाजनों की सम्पत्तियों के विवरण को देखने से ज्ञात होता है कि इस काल में ठिकाने के व्यापारिक समुदाय का बड़ा हिस्सा ठिकाना छोड़कर अन्यत्र चला गया। ठिकानेदार ने

ऐसे व्यापारियों के मकान एवं दूकान दूसरे व्यापारियों को प्रदान किए तथा उन्हें व्यापार बढ़ाने के लिए प्रोत्साहित किया।

कोशीथल के कुछ दस्तावेजों से तत्कालीन समाज में प्रचलित तीज-त्यौहारों, भेंट-उपहार की प्रथाओं एवं सांस्कृतिक परम्पराओं का भी ज्ञान होता है। कुछ दस्तावेजों से उस काल में प्रचलित धार्मिक मान्यताओं, शुभ मुहूर्त साधकर कार्य आरम्भ करने की परम्पराओं आदि का भी ज्ञान होता है। कुछ दस्तावेजों से स्त्रियों की दशा, सती प्रथा, नाता प्रथा, मृत्युभोज, दैनिक मजदूरी, शैक्षणिक स्थिति की जानकारी होती है। कतिपय दस्तात्रेज एवं पत्र-व्यवहार से ठिकानेदार एवं महाराणा के परस्पर सम्बन्धों पर भी प्रकाश पड़ता है। कुछ दस्तावेजों में ऐसी घटनाएं भी अंकित हैं जिनसे जागीरदार की सामाजिक जिम्मेदारियों की जानकारी होती है। उदाहरण के लिए एक दस्तावेज में लिखा है कि ठिकाने के एक व्यक्ति का बैल खो गया, इस पर ठिकानेदार ने उसे ठिकाने की ओर से बैल प्रदान किया।

विज्ञान का प्रथम संग्रहालय बिरला इंस्टीट्यूट पिलानी में स्थापित हुआ। उसके बाद कौंसिल ऑफ साइंटिकफिक एण्ड इण्डस्ट्रीयल रिसर्च ने पहली बार ई.1956 में कलकत्ता में बिरला इण्डस्ट्रियल एण्ड टैक्निकल म्यूजियम स्थापित किया। ई.1978 से विज्ञान के समस्त संग्रहालय मानव संसाधन विकास मंत्रालय के अंतर्गत महानिदेशक की देखरेख में कार्य कर रहे हैं।

❑❑❑

अध्याय - 17

सलूम्बर ठिकाना अभिलेखागार

मेवाड़ रियासत का प्रथम श्रेणी का ठिकाना सलूम्बर मूलतः भीलों का इलाका था। राठौड़ों ने भीलों से यह इलाका छीन लिया। मूथा नैणसी ने लिखा है कि उदयपुर से 35 कोस दूर छप्पनिये राठौड़ों का वतन है। ये राठौड़ सोनिंग के वंशधर एवं बड़े भूमिये हैं। महाराणा उदयसिंह (ई.1540-72) ने राठौड़ों के मेवासे तोड़ने आरम्भ किए। महाराणा प्रताप (ई.1572-97) के समय ये मेवासे टूटे किंतु छूटे नहीं थे। छप्पन के इलाके में 224 गांव थे। यह क्षेत्र मेवल के नाम से भी जाना जाता था। महाराणा प्रतापसिंह के आदेश से रावत कृष्णदास चूंडावत ने सिंघ सलूम्बरिया को मारकर सलूम्बर पर अधिकार किया। उसके वंशजों का अधिकार इस ठिकाने पर तब तक बना रहा जब तक कि देशी रियासतें राजस्थान में विलय नहीं हो गईं। यहाँ के ठिकानेदार की पदवी रावत थी। मेवाड़ का राज्यप्रबंध करने, राज्य के पट्टे जारी करने, राज्य के परवानों पर चूण्डा के भाले का अंकन करने तथा शत्रु से होने वाले युद्धों में हरावल (अग्रभाग) में रहने का अधिकार चूंडा एवं उसके पाटवी वंशजों का होता था।

सलूम्बर ठिकाने पर चूंडावतों के अधिकार के बाद से ई.1947 तक के रावतों के शासनकाल का बहुत कम रिकॉर्ड मिलता है। रावत ओनाड़सिंह (ई.1901-26) का उत्तराधिकारी रावत खुमानसिंह सलूम्बर को छोड़कर उदयपुर रहता था जहाँ उसने तीन निवास बदले- (1.) रावजी का हाटा में स्थित पुरानी सलूम्बर की हवेली, (2.) रवीन्द्रनाथ टैगोर मेडिकल कॉलेज जो उन दिनों सलूम्बर की बाड़ी कहलाता था, (3.) फतह सागर रोड पर बना सरकारी आर्यन बंगला (हिल हाउस)। इस कारण सलूम्बर ठिकाने का बहुत सा रिकॉर्ड रद्दी कागज के रूप में बेच दिया गया। फिर भी कुछ रिकॉर्ड नष्ट होने से बच गया है। इस रिकॉर्ड का संक्षिप्त विवरण इस प्रकार से है-

(1.) कामदार नाथूलाल कृत ठिकाना सलूम्बर, राज्य मेवाड़ की तवारीख : उर्दू-हिन्दी मिश्रित भाषा में लिखित यह महत्वपूर्ण दस्तावेज है। इसमें रावत खुमानसिंह (ई. 1929-80) के समय का इतिहास लिखा गया है। इसे ठिकाने के कामदार नाथूलाल दरक से लिखवाया गया था। उसने यह कार्य ठिकाने के पुराने दस्तावेजों के आधार पर लिखा था। इस पाण्डुलिपि में रावत चूंडा से लेकर रावत निर्भयसिंह तक 27 पीढ़ियों का विवरण अंकित है। इसमें कुल 32 पृष्ठ हैं। इसमें सलूम्बर रावतों की पीढ़ियावली, रावतों के गद्दी पर बैठने का समय, मातमपुर्सी एवं तलवार बंधाई का विवरण, मेवाड़ महाराणाओं और सलूम्बर रावतों के सम्बन्ध,

मेवाड़ रियासत की ओर से रावतों द्वारा लड़ी गई लड़ाइयों का वर्णन, सलूम्बर ठिकाने में किए गए निर्माणों की सूची, रावतों की संतति, रावतों की मृत्यु स्म्बन्धी सूचनाएं, नि:संतान रावतों के गोद आए बच्चों की जानकारी, रावतों की शासन व्यवस्था आदि।

(2.) काजी कुतुबुद्दीन द्वारा हस्तलिखित पाण्डुलिपि भूगोल सलूम्बर : यह भी उर्दू-हिन्दी मिश्रित भाषा में है। इसमें ई.1916 में सलूम्बर ठिकाने की सीमाएं, पड़ौसी ठिकाने, ठिकाने के तालाब, कुएं, बावड़ी, मंदिर, शिकार, कोठी, जंगल, वनस्पति, जानवर, पैदावार, सिंचाई, उत्पादन, खान, फसल, खेत, खालसा एवं पट्टे के गांव, टकसाल, ठिकाने में बसने वाली जातियां एवं उनके काम, उनकी आय के स्रोत आदि की जानकारी दी गई है।

(3.) बड़वा की पोथी : यह दस्तावेज वि.सं.1927 भादवा वदि 10 का लिखा हुआ है। इसका लेखक सलूम्बर ठिकाने का बड़वा हमेर टोकरावाला है। इसमें राव चूंडा से लेकर रावत जोधसिंह के रावतों की ख्यात और पीढ़ियावली लिखी हुई है।

(4.) राणीमंगा की पोथी : रानियों की ख्यात लिखने वालों को राणीमंगा कहते थे। वे वंशानुगत रूप से यह कार्य करते थे। इस पोथी के 25 पृष्ठों में सलूम्बर ठिकाने के रावत और ठकुरानियों की नामावली मिलती है। इसकी भाषा अपठनीय है तथा इसमें काना-मात्रा का उपयोग नहीं किया गया है। इससे पता लगता है कि यह अत्यंत पुरानी पोथी है। कुछ ठकुरानियों की नामवली, गोत्र पीढ़ावली सहित मिलती है। कुछ ठकुरानियों के बाप-दादा से लेकर पन्द्रह पीढ़ियों तक के नाम लिखे गए हैं।

(5.) ठिकाना भंडारी सोनी हरदेराम की पीढ़ावली : ई.1576 में महाराणा प्रताप (ई. 1572-97) ने सातवें रावत कृष्णदास को 'बम्बोरा' बक्शीश में दिया। रावत के साथ भंडारी हरदेराम सोनी का परिवार भी बम्बोरा आ गया। कृष्णदास पांच साल तक बम्बोरा पर शासन करता रहा। उन दिनों सलूम्बर पर सिंहा राठौड़ शासन करता था। वह महाराणा का कहना नहीं मानता था। इसलिए महाराणा प्रताप ने रावत कृष्णदास चूंडावत को सलूम्बर पर अधिकार करने भेजा। तब से सलूम्बर रावतों के अधिकार में रहा।

(6.) ठिकाना से प्राप्त पोथियां : सलूम्बर ठिकाने की केवल दो पोथियां प्राप्त हुई हैं। पहली पोथी में भण्डार में रखी सामग्री की सूचियां दी गई हैं। इस सामग्री में आभूषण, बर्तन, कपड़े, बिस्तर आदि का उल्लेख है। दूसरी पोथी में संगृहीत कागजों एवं अभिलेखों की सूचि है। इस सूचि में रुक्के, पट्टे, पत्रावलियों से सम्बन्धित सूचनाएं हैं।

(7.) पत्रावलियां : इसमें रावत भीमसिंह (ई.1769-1800) और रावत केसरीसिंह (द्वितीय) (ई.1849-61) द्वारा राजपुर और बनेड़ा के सरदारों राजा हमीरसिंह (राजपुर), राजा संग्रामसिंह (राजपुर) एवं राजा संग्रामसिंह (बनेड़ा) को लिखे गए 12 पत्रों का संग्रह है।

(8.) पट्टे-परवाने : सलूम्बर ठिकाने द्वारा समय-समय पर बहुत से पट्टे जारी किए जाते थे। इस संग्रह में कुछ पट्टे भी उपलब्ध हैं। इनसे ठिकाने की कार्यशैली, भू-राजस्व, भू-प्रबंधन आदि की जानकारी मिलती है।

(9.) ताम्रपत्र : इन ताम्रपत्रों में सलूम्बर राज्य द्वारा विभिन्न उद्देश्यों से दी गई जमीनों का उल्लेख है।

(10.) महकमे खास उदयपुर के कागजात : यह दस्तावेज संवत् 1966 सावन वदि 9 का है। यह महाराणा फतहसिंह (ई.1884-1930) तथा सलूम्बर रावत ओनाड़सिंह के बीच चले मुकदमे से सम्बन्धित है।

(11.) ठिकाना सम्पत्ति सम्बन्धित कागजात (फैसला जागीर कमिश्नर) : यह दस्तावतेज सलूम्बर ठिकाने की निजी सम्पत्ति से सम्बन्धित फैसले का है। इसमें जागीर कमिश्नर के अंग्रेजी में हस्ताक्षर युक्त निर्णय लिखा हुआ है। इस पर 20 नवम्बर 1956 की तिथि अंकित है।

(12.) जागीरियों के रद्दोबदल और पुनर्ग्रहण के दस्तावेज : सलूम्बर ठिकाने के रावत खुमानसिंह के समय ई.1947 में भारत स्वतंत्र हुआ और भारत सरकार द्वारा जागीर पुर्नग्रहण कानून 1954 लागू हुआ। रावत खुमानसिंह ने अपने शासनकाल (ई.1933 से 22 अगस्त 1954) तक जागीरियों का रद्दोबदल किया एवं नई जागीरियां दीं। पुनः माफी में जमीन दी एवं हकदारी के पट्टे दिये, उनकी नकलें उपलब्ध हुई हैं।

(13.) खुमानगंज बसाने से सम्बन्धित दस्तावेज : रावत खुमानसिंह जब सलूम्बर ठिकाने की गद्दी पर बैठा, उस समय वह नाबालिग था। इस कारण मुन्सरमात (कोर्ट ऑफ वार्ड्स के अधिकार) मुन्सरीम हनवन्तमल के हाथों में रहे। उसके काल में सलूम्बर में नई आबादी बसाने के उद्देश्य से ठिकाने औरे मुन्सरीम के बीच कागजी कार्यवाही हुई। इसी से सम्बन्धित कुछ दस्तावेज मिले हैं।

❑❑❑

अध्याय - 18

राज्याधिकारियों, साहित्यकारों, सेठों एवं मंदिरों के अभिलेख

रियासतों एवं ठिकाणों के संग्रह के साथ-साथ कुछ राज्याधिकारियों, नगर सेठों, बड़े व्यापारियों, बैंकरों, मंदिरों, महंतों, साहित्यकारों आदि ने भी अपने अभिलेखागार एवं संग्रह स्थापित किए। इनसे भी रियासत में घटी घटनाओं की विश्वस्त सूचनाएं एवं तत्कालीन इतिहास, सामजिक परम्पराओं आदि की जानकारी होती है। इनमें मेड़ता के लोकमणि परिवार का संग्रह (अब राजस्थान राज्य अभिलेखागार बीकानेर में), चूरू का पोतदार संग्रह, नागौर का हरदयालचंद माथुर संग्रह, भादरा का कुमेरसिंह संग्रह, हारासर का जीवराजसिंह संग्रह, उदयपुर का महता संग्राम सिंह संग्रह, उदयपुर का चन्देला संग्रह, जैसलमेर का शालिमसिंह संग्रह, राजगढ़ के टीकमणी परिवार का अभिलेख, महत्वपूर्ण हैं।

बीकानेर नगर के सेठों एवं राज्याधिकारियों के संग्रह

बीकानेर का भैया संग्रह (अब राजस्थान राज्य अभिलेखागार बीकानेर में), राव गोपालसिंह संग्रह, वैद मेहता परिवार का अभिलेख, शिवकिशन व्यास के परिवार का अभिलेख, ब्रिगेडियर बाघसिंह के परिवार का संग्रह, गंगादास कौशिक के परिवार का संग्रह तथा रामनारायण शर्मा के परिवार का संग्रह आदि उल्लेखनीय हैं।

कविराजा बांकीदास-मुरारदान का संग्रह

जोधपुर के कविराजा बांकीदास-मुरारदान का संग्रह भी महत्वपूर्ण है। बांकीदास उच्च कोटि का कवि था। वह महाराजा मानसिंह का समकालीन था। उसने अपने संग्रह में पुस्तकों की संख्या में वृद्धि करने के लिए अनेक व्यक्तियों को पाण्डुलिपियों की नकल करने के लिए नियुक्त किया। साथ ही अपनी ऐतिहासिक जानकारियों को 'बातों' के रूप में लिपिबद्ध करवाया। इस प्रकार उसके पास ख्यातों, बातों, वंशावलियों, विगत एवं काव्यग्रंथों का अच्छा संग्रह तैयार हो गया। बांकीदास की मृत्यु के बाद उसके दत्तक पुत्र भारथदान ने भी इस काम को जारी रखा। भारथदान ने दूसरी भाषाओं में लिखे कतिपय ऐतिहासिक ग्रंथों का सरल राजस्थानी भाषा में अनुवाद भी करवाया। भारथदान द्वारा अनुवादित हिन्दुस्तान का इतिहास, दक्षिण का इतिहास, पंजाब रो अहवाल आदि ग्रंथ आज भी इस संग्रह में उपलब्ध हैं। भारथदान के पश्चात् कविराज मुरारदान ने इस संग्रह को और समृद्ध बनाया। उसकी रुचि संस्कृत व्याकरण ग्रंथों में अधिक थी। उसने संस्कृत

व्याकरण के बहुत से ग्रंथ एकत्रित किए। मुरारदान जोधपुर राज्य में महत्वपूर्ण राजकीय पद पर था। इस कारण उसे तत्कालीन घटनाओं की जानकारी अधिक रहती थी। उसके समय में ही जोधपुर की शहरपनाह की दीवार की एक ताक में मारवाड़ के राठौड़ों की वंशावलियों का वृहद् ग्रंथ मिला। वर्तमान में यह ग्रंथ राव उदैभाण चांपावत की ख्यात के नाम से प्रसिद्ध है। मुरारदान के समय मारवाड़ रियासत की जनगणना करवाई गई तथा मारवाड़ के विभिन्न गांवों एवं परगनों की राजस्व सम्बन्धी सूचियां बनवाई गईं। यह सामग्री भी मुरारदान के संग्रह में संगृहीत है।

ई.1914 में जब इटली का विद्वान भाषाविद् टैस्सीटोरी ग्रंथों की खोज में निकला तो उसने मुरारदान के संग्रह को देखा। उस समय यह संग्रह कविराज गणेशदान के संरक्षण में था। टैस्सीटोरी ने ग्रंथों के इस अमूल्य खजाने को पहचाना तथा इस संग्रह के कई ग्रंथों का परिचय अपने सर्वेक्षण प्रतिवेदन में छपवाया। टैस्सीटोरी द्वारा दिया गया विवरण पढ़कर ई.1974 में महाराजकुमार डॉ. रघुवीरसिंह ने इस संग्रह का अवलोकन किया। उस समय यह संग्रह कविराजा तेजदान के संरक्षण में था। ई.1976 में डॉ. रघुवीरसिंह ने इस सम्पूर्ण संग्रह को क्रय कर लिया। तब से यह संग्रह श्री नटनागर शोध संस्थान में चला गया। आज भी यह संग्रह वहाँ उपलब्ध है। इस संग्रह में 245 ग्रंथ हैं जिनमें से 155 ऐतिहासिक महत्व के हैं। इस संग्रह में 17वीं शताब्दी से लेकर 20वीं शताब्दी तक की पाण्डुलिपियां हैं।

मेवाड़ का पुरोहित संग्रह

यह संग्रह मेवाड़ राज्य के दरबारी प्रबन्धकर्ता के परिवार द्वारा संगृहीत है। इस परिवार का पूर्वज 'वागेश्वर' ई.1527 में खानवा के युद्ध में महाराणा सांगा की तरफ से लड़ता हुआ रणखेत रहा था। यह परिवार महाराणा सांगा के जीवन काल (ई.1509-27) से लेकर ई.1948 में मेवाड़ रियासत के राजस्थान में विलीन होने तक मेवाड़ राज्य की सेवा में रहा। इस परिवार के सदस्यों का काम दरबारी प्रबंधकर्ता के रूप में दैनिकी लेखन का होता था। वह उत्सव सम्बन्धी अभिलेख भी लिखता था। मेवाड़ राज्य का अंतिम दरबारी प्रबंधकर्ता पुरोहित देवनाथ एक प्रसिद्ध इतिहासविद् हुआ। पुरोहित संग्रह में महाराणा जयसिंह (ई.1680-98) से लेकर महाराणा भूपालसिंह (ई.1930-56) के शासन काल की ऐतिहासिक सामग्री विद्यमान है। इस संग्रह में 1000 से अधिक अभिलेख विद्यमान हैं। इनमें महाराणा की बैठकों की सूचनाएं, कुंवरों के जन्म एवं विवाह सम्बन्धी विवरण, सरदारों की राहमरजाद, महाराणाओं की तीर्थयात्राएं विषयक बहियां एवं रुक्के उपलब्ध हैं।

महाराणा जयसिंह (ई.1680-98) के काल से उपलब्ध बैठक सूचियों में दरबारियों के बैठने का क्रम उपलब्ध है। महाराणा अमरसिंह (द्वितीय) के समय सरदारों का वर्गीकरण प्रथम, द्वितीय एवं तृतीय श्रेणी में किया गया। ई.1708 की एक बही में जोधपुर नरेश अजीतसिंह (ई.1707-24) एवं जयपुर नरेश जयसिंह (ई.1699-1743) की उदयपुर यात्रा का विवरण लिखा हुआ है। सरदारों की राहमरजाद बहियों में महाराणा द्वारा मेवाड़ के सरदारों को प्रदान किए गए सम्मान का विवरण है जिसे राहमरजाद कहा जाता था। महाराणाओं द्वारा सरदारों को विशेष अवसरों पर बैठक,

ताजीम, जींकारा, स्वर्ण, सीख का बीड़ा तथा स्वर्णछड़ी आदि दी जाती थी। ई.1870 की एक बही में देलवाड़ा के सरदार की राहमरजाद का विवरण दिया गया है। इन बहियों में सरदारों की तलवारबंदी का विवरण भी मिलता है।

हकीकत बहियों में महाराणा की दिनचर्या, गृहस्थ जीवन, त्यौहार, उत्सव, मृत्यु, शोक आदि के विवरण है। ई.1792 की एक बही में महाराणा भीमसिंह (ई.1778-1828) के ईडर विवाह का वर्णन है। ई.1884 की एक बही में विभिन्न रजवाड़ों के शासकों एवं ब्रिटिश अधिकारियों की महाराणा भीमसिंह से भेंट का विवरण अंकित है। ई.1823 की एक बही में महाराणा भीमसिंह की मृत्यु होने पर उसकी शवयात्रा का विवरण है। ई.1889 की एक बही में महाराणा फतहसिंह (ई. 1884-1930) के आखेट-प्रेम की जानकारी मिलती है। ई.1916 की एक बही में नवरात्रि के पर्व पर महाराणा फतहसिंह द्वारा हाथी-घोड़ों का पूजन एवं यज्ञ-हवन करने का उल्लेख है।

जोधपुर के मोहनसिंह तंवर का पत्र संग्रह

जोधपुर निवासी मोहनसिंह का पितामह केसरीसिंह अलवर जय पलटन में वि.सं. 1870 (ई. 1817) के आसपास सेवारत था। उसके कागजों में जोधपुर नरेश महाराजा मानसिंह (ई.1803-43) तथा उसके राज्याधिकारियों के उल्लेख से युक्त कुछ पत्र हैं। ये पत्र एक रजिस्टर में रखे हुए हैं। पत्रों की भाषा डिंगल एवं लिपि देवनागरी है। ऐसा प्रतीत होता है कि केसरीसिंह के पास ये पत्र जोधपुर राज्य के ही किसी पदाधिकारी ने सुरक्षित रखने के लिए दिए होंगे। मानसिंह का शासन, आंतरिक शासन की दृष्टि से अत्यंत उथल-पुथल भरा था। पूर्ववर्ती शासक भीमसिंह की विधवा रानियों का पक्ष लेकर कुछ सामंत कई वर्षों तक उत्पात मचाते रहे। पिण्डारी अमीर खाँ ने मेहरानगढ़ दुर्ग के महलों में घुसकर महाराजा के गुरु एवं राज्याधिकारियों की हत्या कर दी। जयपुर राज्य भी जोधपुर राज्य को नष्ट करने पर तुला हुआ था। संभवतः इसी कारण इन पत्रों को दुर्ग से बाहर केसरीसिंह अथवा किसी अन्य व्यक्ति को रखने के लिए दिया गया होगा जो कि महाराजा का भी विश्वस्त रहा होगा।

इन पत्रों में महाराजा मानसिंह को राज्य दिलवाने वाले सिंघी इन्द्रराज, जलन्धरनाथजी के मंदिर के पुजारी आयस देवनाथ, सेनापति गंगाराम भण्डारी तथा इन्द्रराज के पुत्र मुसाहिब फतेराज का उल्लेख मिलता है। सभी पत्रों के ऊपर 'श्रीजलंधरनाथ संत' लिखा है। उसके बाद एक गोल सील अंकित है। कुछ पत्रों में उर्दू में राजराजेश्वर महाराजधिराज मानसिंह लिखा है। कुछ पत्रों में देवनागरी लिपि में कस्यमुद्रिका, करवसु, कस्यमुद्रवा और हस्तमुद्रका शब्द अंकित हैं। पत्रों का आरम्भ सिंघवी इन्द्रराज लिखावत, सिंघवी श्री फतेराज खिवंत और स्वरूप श्री राजरोश्वरी महाराजाधिराज महाराजा श्री मानसिंहजी महाराज कंवर श्री बतरसिंह जी वचनात लिखा है। इतिहासकारों ने मानसिंह के पिता का नाम गुमानसिंह माना है, जबकि इन पत्रों में मानसिंह के पिता का नाम बतरसिंह दिया गया है। इन पत्रों में उस काल में जोधपुर रियासत के कुछ राज्याधिकारियों का भी उल्लेख हुआ है जिनमें- प्रतापमल, लिखमीचंद, भगवानदास, मानमल भगवानदासोत, उदेयसिंह, मारमीनमलजी, रामदास, हमीरम्ल, सोनीरामदत्त आदि सम्मिलित हैं। कुछ

स्थलों- मेडावास, मांडसर, डीडवाना, मोविनी, तखतगढ़, जोधपुर सिरोही आदि का भी उल्लेख हुआ है। पत्रों का विषय- झगड़ में बंदगी, अच्छी करने पर इनाम, रेख सहित किसी गांव का दान, कुशलता के समाचारों का आदान-प्रदान, पैसे के भुगतान की आज्ञा, दण्डमाफी आदि हैं। ये पत्र काफी बड़ी संख्या में हैं।

बंशीलाल माथुर कानूनगो संग्रह

नागौर जिले के डीडवाना कस्बे में निवास करने वाले बंशीलाल माथुर कानूनगो ने अपने संग्रह में बहुत से दस्तावेज सुरक्षित किए। बंशीलाल माथुर के पूर्वजों को मुगलों के काल में दौलतपुरा के पास डीडवाना कांकड़ में जागीर की सनद मिली थी। इस परिवार ने कायथा बासनी बसाया। कानूनगी इस परिवार के पास पीढ़ी दर पीढ़ी बनी रही। ये लोग 12 बास और 12 बासनियों की हासिल की वसूली करते थे। इन्हें पानी, नमक, ईंधन तथा अनेक वस्तुएं नि:शुल्क उपभोग करने का अधिकार प्राप्त था। मकानों के पट्टे भी माफ थे। बंशीलाल माथुर के संग्रह में उपलब्ध अभिलेख में ई.1857 की क्रांति, अंग्रेजी सेनाओं की गतिविधियां, बीकानेर महाराजा की पुष्कर यात्रा, उसकी बूंदी के शासक के साथ भेंट तथा अजमेर जाकर अंग्रेज साहब से भेंट करने के उल्लेख वाले दस्तावेज उपलब्ध हैं। इस संग्रह से उस काल में लाग-बाग, तीज-त्यौहार, उत्सव, धार्मिक आयोजन, राजस्व सम्बन्धी आंकड़े लाटा, निर्माण कार्य, सामाजिक तथा राजनीतिक हलचलों की अच्छी जानकारी मिलती है।

मोतीचंद खजांची संग्रह, बीकानेर

मोतीचंद खजांची

मोतीचंद खजांची का जन्म बीकानेर राजपरिवार से सम्बद्ध एक जौहरी परिवार में हुआ। मोतीचंद खजांची ने 15 वर्ष की आयु से ही भारत के अनेक भागों का भ्रमण करना आरम्भ किया। वह अपनी यात्राओं के दौरान विभिन्न क्षेत्रों में प्रचलित चित्रशैलियों के चित्र एकत्रित करता था। उसने स्थान-स्थान पर आयोजित होने वाली प्रदर्शनियों एवं नीलामियों से भी चित्र खरीदे। इस कार्य में उसे विपुल धन व्यय करना पड़ता था। इस कारण वह प्राय: अपने पिता से बड़ी राशि उधार लेता। इस कार्य के दौरान देश में बहुत से बड़े चित्रकारों से उसकी मित्रता हो गई। जैसे-जैसे मोतीचंद का चित्र संग्रह बढ़ता गया वैसे-वैसे उसकी प्रसिद्धि चित्रकला विशेषज्ञ के रूप में होती गई। उसने हस्तलिखित एवं चित्रित पाण्डुलिपियों का संग्रहण एवं अध्ययन भी किया जिससे चित्रकला में धर्म, दर्शन, अध्यात्म एवं साहित्यिक संदर्भों के सम्बन्ध में उसके ज्ञान में विपुल वृद्धि हो गई।

मोतीचंद खजांची संग्रह का एक चित्र

जब सुप्रसिद्ध कला-विज्ञ तथा भारत कला भवन वाराणसी के संस्थापक राय कृष्णदास ने मोतीचंद के खजांची के कला-कोश को देखा, तो राय कृष्णदास इस संग्रह से बहुत प्रभावित हुआ। राय कृष्णदास ने मोतीचंद को सलाह दी कि वह इन चित्रों को किसी कला प्रदर्शनी अथवा संग्रहालय में प्रदर्शित करे ताकि जन-साधारण इस संग्रह का लाभ उठा सके।

ई.1960 में राय कृष्णदास तथा कार्ल खण्डालवाला ने खजांची संग्रह के बहुमूल्य चित्रों को ललित कला अकादमी नई दिल्ली, बम्बई तथा कलकत्ता में प्रदर्शित किया। उन्होंने इस चित्रों की विभिन्न संग्रहालयों को सूचियां भी उपलब्ध कराईं जिनमें से कुछ सूचियां एवं चित्र आज भी राष्ट्रीय संग्रहालय नई दिल्ली में उपलब्ध हैं। इस संग्रहालय में बीकानेर, मेवाड़, जयपुर, बूंदी, किशनगढ़ जयपुर तथा जोधपुर शैलियों के चित्र बड़ी संख्या में उपलब्ध हैं। कुछ चित्रों के पीछे की ओर कलकारों के हस्ताक्षर भी उपलब्ध हैं। इनमें से कुछ चित्र बीकानेर राजपरिवार के व्यक्तिगत संग्रह से सम्बन्धित हैं। इस संग्रह में ई.1628 में चित्रित रागमाला भी उपलब्ध थी। इसमें 42 दुर्लभ चित्र थे जिनमें से केवल 12 चित्र ही उपलब्ध हो पाए। मोतीचंद खजांची संग्रह राजस्थान राज्य अभिलेखागार को समर्पित कर दिया गया है किंतु रागमाला के चित्र राष्ट्रीय संग्रहालय नई दिल्ली, भारत कला भवन वाराणसी तथा म्यूजियम ऑफ फाइन आर्ट्स बोस्टन (अमरीका) को भेज दिए गए हैं।

भैयूया संग्रह के अभिलेख

राजस्थान राज्य अभिलेखागार बीकानेर में ईस्ट इण्डिया कम्पनी के सरकारी कार्यालय अभिलेखों, एजीजी कार्यालय के अभिलेखों, रियासती अभिलेखों के साथ-साथ लगभग 10 व्यक्तियों के निजी संग्रहालयों के अभिलेखों को भी संगृहीत किया गया है। इनमें भैयूया संग्रहालय महत्वपूर्ण है। भैयूया परिवार बीकानेर का पुराना एवं प्रतिष्ठित परिवार है। इस परिवार का बीकानेर के शासकों से सीधा सम्बन्ध रहा। यह एक कायस्थ परिवार था जो महाराजा अनूपसिंह (ई. 1669-98) के समय में नागौर से बीकानेर आकर रहने लगा। जब बीकानेर नरेश जोरावरसिंह नि:संतान मर गया तब भूकरका के ठाकुर कुशलसिंह और मेहता बख्तावरसिंह ने बीकानेर शहर एवं दुर्ग की व्यवस्था को अपने हाथ में ले लिया। तब अमरसिंह, तारासिंह तथा गुदड़सिंह ने लाडनूं से आकर गांव गाढ़वाले में जिंद के खेजड़े के नीचे डेरा डाला। वे अवसर का लाभ उठाकर बीकानेर राज्य को नष्ट करना चाहते थे। जब राजकुमार अमरसिंह के पुत्र राजकुमार गजसिंह को इस बात की जानकारी हुई तब वह भी अपनी सेना लेकर आ गया और उसने भोमियादेव के खेजड़े के नीचे डेरा डाला। तब ठाकुर कुशालसिंह, मेहता बख्तावरसिंह आदि राज्याधिकारियों ने परस्पर वार्ता करके राजकुमार गजसिंह को बीकानेर का राजा बनाया। इन राज्याधिकारियों में पंचोली आलमचंद भी एक था। उसकी सेवाओं को देखते हुए महाराजा गजसिंह ने वि.सं. 1802 (ई.1745) में उसे भैयूया की पदवी दी। पंचोली आलमचंद न केवल बीकानेर के महाराजा गजसिंह (ई.17745-87) का विश्वासपात्र था अपितु जयपुर नरेश सवाई प्रतापसिंह से भी उसके व्यक्तिगत सम्बन्ध थे। इसलिए वह बीकानेर राज्य की राजनीति में प्रमुख व्यक्तियों में माना जाने लगा।

भैयूया परिवार के वंशजों को बीकानेर राज्य की ओर से तनबक्शी, सहरकोट की किलेदारी, हाकिमी और हवलदारी आदि पद मिलते रहे। महाराजा गजसिंह से गंगासिंह तक इस परिवार की राजदरबार में महत्वपूर्ण भूमिका रही। इस परिवार ने रियासती आदेश, रुक्के, परवाने, पट्टे, सनद, गांव एवं शासन के अनुदान पत्र आदि को सम्भाल कर रखा जिसे भैयूया संग्रह कहा जाता है।

इस संग्रह के दस्तावेजों से ज्ञात होता है कि जब महाराजा जोरावरसिंह (ई.1736-46) का नि:संतान अवस्था में निधन हुआ तो भैयूया परिवार के आलमचंद एवं उसके छोटे भाई बींजराज सिंह ने महाराज गजसिंह को बीकानेर की गद्दी पर बैठाने में महत्वपूर्ण भूमिका निभाई। बीकानेर का महाराजा बनने पर वि.सं.1802 में गजसिंह ने भैयूया परिवार को ताजीमी सम्मान दिया तथा साथ ही दरबार में बैठने एवं भैयूया पदवी प्रदान की। वि.सं.1809 में भैयूया आलमचंद को तनबक्शी का पद दिया गया जो वि.सं. 1845-46 में उसकी मृत्यु होने तक उसके पास रहा। बींजराजसिंह को भी राज्य की ओर से किलेदारी, चौकी खास महल, हाजिर बाशी और सेना में मुसाहिबी आदि पद दिए गए। वि.सं.1841 में पद्मा नारनोत के आक्रमण के समय बींजराज ने अपने प्राणों की परवाह न करके महाराजा गजसिंह की रक्षा की तथा वि.सं.1847 में वह राजगढ़ के निकट युद्ध करता हुआ मारा गया।

भैय्या संग्रह के दस्तावेजों से बीकानेर रियासत के तत्कालीन इतिहास की विश्वसनीय जानकारी मिलती है। साथ ही रियासत के कर्मचारियों के जीवन और जिम्मेदारियों की भी जानकारी उपलब्ध होती है। कुछ दस्तावेजों से बीकानेर राज्य की प्रशासनिक, आर्थिक, सैनिक सांस्कृतिक स्थिति की जानकारी मिलती है। कुछ पत्रों में तत्कालीन रियासतों की परस्पर कूटनीति एवं षड़यंत्रों आदि का भी उल्लेख है। इस संग्रह के कुछ पत्र भैय्या नथमल एवं जेठमल द्वारा लिखे गए हैं। ये पत्र नोहर से जेठमल को एवं जेठमल ने बीकानेर से नथमल को दरबार की ओर से लिखे थे। भैय्या परिवार के सदस्य राजपूताना की विभिन्न रियासतों में बीकानेर राज्य के दूत के रूप में भी भेजे जाते थे। उन्होंने इस दौरान जे पत्र लिखे, उनसे विभिन्न रियासतों की राजनीतिक स्थिति एवं बीकानेर रियासत से उनके सम्बन्धों का भी पता चलता है।

जब मराठों ने जोधपुर नरेश विजयसिंह पर आक्रमण किया तो विजयसिंह ने बीकानेर नरेश से सहायता मांगी। इस सहायता का पूरा विवरण भैय्या संग्रह के पत्रों से ज्ञात हो जाता है। इस संग्रह के कुछ पत्रों से ज्ञात होता है कि बीकानेर रियासत ने उस काल में पुरानी कड़वाहटों को भूलकर विभिन्न रियासतों से मधुर एवं विश्वसनीय सम्बन्ध स्थापित किए जिनके कारण राजपूताने की रियासतों में महाराज गजसिंह का सम्मान होता था और उनकी बातों पर विश्वास किया जाता था। मराठा प्रतिरोध में बीकानेर ने जोधपुर राज्य को सहायता दी जिससे बीकानेर नरेश की दूरदृष्टि का पता चलता है। इस संग्रह के कुछ पत्र जयपुर, जोधपुर एवं बीकानेर रियासतों के त्रिपक्षीय सम्बन्धों पर भी प्रकाश डालते हैं। इस संग्रह के दस्तावेजों से ज्ञात होता है कि उदयपुर नरेश अरिसिंह तथा जोधपुर नरश विजयसिंह ने गोड़वाड़ प्रदेश पर अधिकार सम्बन्धी विवाद को सुलझाने में बीकानेर नरेश की सहायता ली।

भैय्या संग्रह के अभिलेखों से बीकानेर महाराजा सूरतसिंह (ई.1787–1828) के समय जयपुर रियासत से कूटनीतिक सम्बन्धों में बदलाव का उल्लेख मिलता है। इस संग्रह से बीकानेर नरेश सूरतसिंह के समय बीकानेर रियासत के जागीरदारों एवं ठाकुरों द्वारा किए गए विद्रोहों की भी विस्तृत जानकारी मिलती है। इस संग्रह के दस्तावेजों के अनुसार बीकानेर ने इस समस्या के निस्तारण के लिए सिक्खों से सहायता प्राप्त की किंतु सिक्ख भी बीकानेर के सरदारों को दबा नहीं सके। जब बीकानेर का राजा सिक्खों को उनका पैसा नहीं चुका सका तो सिक्खों ने बीकानेर रियासत की भूमि दबा ली। इस समय भैय्या नथमल नोहर में हवालदार थे और वे उस तरफ के सारे समाचार बीकानेर में भैय्या जेठमल को भेज रहे थे। ये पत्र इतिहास की दृष्टि से काफी उपयोगी हैं। इस गंभीर परिस्थिति में ही बीकानेर रियासत को ईस्ट इण्डिया कम्पनी का संरक्षण प्राप्त करना पड़ा।

इस संग्रह के दस्तावेजों से ज्ञात होता है कि बीकानेर के अधिकांश ठिकानेदार रियासत को कर नहीं दे रहे थे। सिक्खों द्वारा दबाई गई भूमि से भी कर मिलना बंद था। अतः बीकानेर नरेश ने धन एकत्रित करने के लिए प्रजा पर अत्यधिक कर लगाए जिनके कारण प्रजा भी राजा की विरोधी हो गई और जनता से कर संग्रहण करना अत्यंत कठिन हो गया। सरकारी कारिंदे गांव में

जाकर अपना शिविर भी नहीं लगा पाते थे। ऐसी परिस्थितियों में भाटियों एवं जोहियों ने रामगढ़ लूट लिया। इस लूट का पूरा विवरण भैय्या संग्रह के दस्तावेजों में उपलब्ध है। भैय्या संग्रह के अभिलेख इस बात की पुष्टि करते हैं कि इन सब कारणों से जनता बीकानेर रियासत से पलायन करने लगी और जनसंख्या में भारी कमी आ गई। भैय्या संग्रह के कुछ दस्तावेज इस ओर संकेत करते हैं कि इन परिस्थितियों में भैय्या परिवार ने भी कई बार बीकानेर रियासत छोड़ने का मन बनाया क्योंकि दरबार में चल रहे षड़यंत्रों एवं धन की कमी के कारण भैय्या परिवार का जीवन यापन भी कठिन हो गया था।

बुधमल कानूनगो संग्रह

इस संग्रह में राजस्थानी भाषा में लिखी हुई 30 बहियां हैं जो रियासती काल में जनगणना, दान खिराज तथा विभिन्न प्रकार के रियासती करों की जानकारी देती हैं।

शिवकिशन व्यास संग्रह

शिवकिशन व्यास संग्रह, राजस्थान राज्य अभिलेखागार को समर्पित कर दिया गया है। इसमें संग्रहीत दस्तावेज बीकानेर रियासत के राजपरिवारों की 19वीं एवं 20वीं शताब्दी ईस्वी की जीवनशैली पर प्रकाश डालते हैं। शिवकिशन व्यास के पिता महेशदास बीकानेर नरेश गंगासिंह (ई. 1887–1943) तथा महाराजा सार्दुलसिंह (ई.1943–49) तक बीकानेर राज्य के शिष्टाचार विभाग (Ceremony Department) में कार्यरत रहे। महेशदास व्यास द्वारा संगृहीत एवं लिपिबद्ध डायरियां, बहियां, नत्थियां एवं पत्रावलियों में बीकानेर के राजपरिवार के दैनिक जीवन, खान–पान, रहन–सहन, सामाजिक और धार्मिक अनुष्ठान, दरबार आयोजन की विधि, अतिथि सत्कार, उत्सव, विवाह, शोक आदि पर होने वाले व्यय तथा रीति–रिवाजों का उल्लेख है।

विजयसिंह पथिक संग्रह

यह संग्रह भी राजस्थान राज्य अभिलेखागार बीकानेर का समर्पित कर दिया गया है। इस संग्रह में विजयसिंह पथिक के प्रलेख, उनके द्वारा लिखित साहित्य, विभिन्न विषयों पर लिखित आलेख आदि सम्मिलित हैं। यह संग्रह रियासती काल की शिक्षा व्यवस्था एवं राजनीतिक स्थिति पर प्रकाश डालता है। विजयसिंह पथिक के कुछ पत्रों का संग्रह राष्ट्रीय अभिलेखागार की जयपुर शाखा में भी उपलब्ध है। इन पत्रों में राजस्थान के स्वतंत्रता आंदोलन की गतिविधियों का उल्लेख हुआ है।

छगनराज चौपासनी वाला संग्रह

यह संग्रह भी राजस्थान राज्य अभिलेखागार बीकानेर का समर्पित कर दिया गया है। जोधपुर राज्य में स्थित चौपासनी गांव के स्वतंत्रता सेनानी छगनराज चौपासनी वाला के संग्रह में मारवाड़ राज्य में राजनैतिक जागृति और प्रजामण्डल आंदोलन से सम्बन्धित प्रलेख हैं। इस सम्बन्ध

में उपलब्ध डायरी, पत्र-व्यवहार और पम्फलेट, समाचार पत्र आदि सामग्री से जोधपुर राज्य में उत्तरदायी शासन के लिए हुए संघर्ष का इतिहास तैयार किया जा सका है। इस संग्रह में अखण्ड भारत, तरुण राजस्थान और राजस्थानी संदेश नामक समाचार पत्रों की प्रतियां भी उपलब्ध हैं।

मोहता सालमसिंह संग्रह जैसलमेर

मोहता सालमसिंह संग्रह भी राजस्थान राज्य अभिलेखागार बीकानेर का समर्पित कर दिया गया है। इस संग्रह में उपलब्ध दस्तावेजों से जैसलमेर राज्य के राजनैतिक एवं सामाजिक जीवन पर पर्याप्त प्रकाश पड़ता है।

कानमल मेहता अभिलेख संग्रह

यह संग्रह भी राजस्थान राज्य अभिलेखागार बीकानेर का समर्पित कर दिया गया है। इस संग्रह में उपलब्ध बहियों से ई.1652 से 1813 तक की अवधि में रियासती शासन में सैनिक विभाग, शासन प्रबंध और व्यय आदि की सूचनाएं मिलती हैं।

हंसराज बस्ती चंद चौधरी प्रलेख संग्रह

इस संग्रह में उपलब्ध बही से जालोर परगने के गांवों की सूची एवं कर व्यवस्था की जानकारी मिलती है।

उदयचंद मेहता संग्रह

यह संग्रह जालोर परगने के आर्थिक इतिहास को जानने में सहायता करता है। यह संग्रह राजस्थान राज्य अभिलेखागार की जोधपुर शाखा में रखा हुआ है।

राव गोपाल सिंह वैद संग्रह

राव गोपालसिंह वैद बीकानेर के वैद मेहता परिवार से थे। इस परिवार के अनेक सदस्य बीकानेर राज्य में उच्च पदों पर नियुक्त हुए। इस परिवार के राव हिन्दूमल ब्रिटिशकाल में बीकानेर राज्य के वकील थे। उनका बीकानेर राजपरिवार पर गहरा प्रभाव था। मेवाड़, जयपुर और जोधपुर राज्यों में भी उनकी अच्छी प्रतिष्ठा थी। अनेक अंग्रेज अधिकारियों से उनके सम्बन्ध रहे। इस संग्रह में ई.1754 से लेकर ई.1887 तक के दस्तावेज हैं। महाराजा सरदार सिंह (ई. 1851-72), महाराजा डूंगरसिंह (ई.1872-87), कप्तान टालबोट, राजपूताना के एजीजी जेम्स सदरलैण्ड, राजपूताना के एजीजी मेजर सी. थॉर्सबी और सी. सी. वाटसन के पत्र भी सम्मिलित हैं। यह संग्रह बीकानेर राज्य की 19वीं शताब्दी की शासन व्यवस्था, सामाजिक परम्पराएं एवं रीति-रिवाज, सिक्खों के इतिहास तथा बीकानेर रियासत के अंग्रेजों से सम्बन्धों पर अच्छा प्रकाश डालता है।

गंगादास कौशिक संग्रह

इस संग्रह में बीकानेर के स्वतंत्रता सेनानी गंगादास कौशिक द्वारा ई.1942 से 1954 की अवधि में संगृहीत समाचार पत्र, पत्रिकाएं, पैम्फलेट, पत्रावलियां आदि का संग्रह है। इस संग्रह से राजपूताना देशी राज्य परिषद्, राजपूताना प्रांतीय कांग्रेस कमेटी, बीकानेर प्रजापरिषद और राजपूताना राज्यों के एकीकरण आदि की सूचनाएं मिल सकती हैं।

लोकमणि व्यास संग्रह

इस संग्रह में नागौर परगने के मेड़ता नगर में रहने वाले लोकमणि व्यास परिवार के द्वारा संगृहीत अभिलेख हैं। इन अभिलेखों से नागौर परगने के सामाजिक, सांस्कृतिक और आर्थिक इतिहास का अध्ययन किया जा सकता है। इस परिवार के लोकमणि व्यास ने जोधपुर नरेश अभयसिंह और विजयसिंह के समय कई धार्मिक अनुष्ठान करवाए थे। इस संग्रह में ई.1709 से लेकर ई. 1767 तक की अवधि की बहियां, रुक्के, परवाने, सनद आदि देखी जा सकती हैं। साथ ही उस काल में वस्तुओं के भाव, ब्याज की दर, धार्मिक अनुष्ठानों एवं लोक-विश्वास आदि की जानकारी मिलती है।

बालकृष्ण लाल की हवेली जोधपुर के ताम्रपत्र

जब औरंगजेब ने उत्तर भारत से समस्त मंदिरों को गिराने के आदेश दिए तो ब्रज क्षेत्र के मंदिरों के पुजारी एवं गुसाईं अपने इष्ट देवों के विग्रहों को लेकर राजपूताना की रियासतों में आए। गोवर्द्धन पर्वत पर स्थित श्रीनाथजी का विग्रह किशनगढ़ होता हुआ जोधपुर पहुंचा तथा वहाँ से मेवाड़ ले जाया गया जहाँ यह नाथद्वारा में आज भी विराजमान है। उसके बाद से जोधपुर में पुष्टि सम्प्रदाय की गतिविधियां बढ़ गईं। महाराजा अभयसिंह (1724-49) ने कामवन में जाकर गोस्वामी मुरलीधर से भेंट की तथा उनसे नाम सुनकर वैष्णव बना। महाराजा ने चौपासनी गांव में श्याममनोहर प्रभु की हवेली बनवाई तथा चोखा गांव गुसाईंजी को भेंट स्वरूप प्रदान किया। महाराजा विजयसिंह (ई.1752-93) के काल में जोधपुर में प्रमुख पुष्टिमार्गी मंदिर कुंजबिहारी का मंदिर, महाप्रभुजी का मंदिर, बालकृष्ण का मंदिर आदि मंदिरों का निर्माण हुआ। बालकृष्ण मंदिर में कुछ महत्वपूर्ण ताम्रपत्र उपलब्ध हैं जो मंदिर को दिए गए दान, भेंट, उपहार में दी गई भूमियों से सम्बन्धित हैं। ये ताम्रपत्र 8 गुणा 6 एवं 8 गुणा 12 इंच के आकार में हैं। इनमें से कुछ ताम्रपत्र इस प्रकार हैं-

श्री परमेश्वरजी सत्य छै

श्री राजराजेश्वर महाराजाधिराज महाराजा श्री विजैसिंघजी महाराज कंवर श्री जालमसिंघ जी वचनात तथा गुसांईजी .... महाराज रै परगनै मेडना रो गाव लारबोन ऐ अणदपुर रो रेष 4000/1 चार हजार री मै भेट कीयो है जो किंणी पीर्ठ तफावत न करै। संवत् 1839 रा सांवण सुद 14 मुकाम पाय तषत गढ जोधपुर

श्री परमेश्वरजी सत्य छै

श्री गुसांई जी श्री व्रजपत जी महाराज री भेंट गढ जोधपुर रो गांव या पावसत रै पीपाड रेष 3500/1 साठा तीन हजार री मै राजा भीवसिंघ वठायो है सो किणी पीठी तफाव न करै संवत् 1859 रा कातीवद 9 मुकाम पाय तषत गढ जोधपुर

श्री परमेश्वरजी सत्य छै

श्री गुसांई जी श्री वृजाधीस जी महाराज री भेंट गढ जोधपुर रो गांव बोलत पीपाड रो रेष 4000/1 चार हजार री में राजा विजैसिंघ कवर फतेसिंघ चढायो है सो किणी पीठी तफावत न करै। संवत् 1824 सांवण सुद 10 मुकाम पाय तषत गढ जोधपुर र.................

श्री परमेश्वरजी सत्य छै

श्री राजराजेश्वर महाराजाधिराज महाराजा श्री विजैसिंघ जी महराज कवर श्री फतेसिंघ जी वचनात। तथा गुसांई जी .... महाराज रै परगनै परबतसर रो गांव मावास रेष 2500/1 अढाई हजार री भैंट कीयो है सो किणी पीठी तफावत न करै। संवत् 1829 रा जेठ वद 13 मुकांम पाय तषतगढ जोधपुर....................

श्री परमेश्वरजी सत्य छै

श्री श्री श्री राजराजेश्वरमहाराजाधिराज महाराजा श्री भींवसिंघजी वचनात। तथा जोधपुर मै..... .... रै मदर गांव दईझर रो बेरो एक राम सरी नाजर गंगादास बिणायो बंधायो सो जाव बीघा 51 इकावन सुघो नै सीवणू षेत ह लवाएकरा बीघा 210 दोवसो दस दर बार सु भेंट कीया है, तिण रो हासल पोची या कर सी। संत् 1853 रा भादवा सुद 3 मुकाम पायत तषत गढ जोधपुर............

।। श्री राम जी ।।

श्री श्री गोस्वामी श्री 109 श्री श्री ब्रजाधीश जी महाराज रे वेरो 1 भेट कीयो राज श्री बीडघसिंघ जी तीण री जमी बीघा 45 पेतालीस उगवणी कानी व्यास बैनामो षेत नु तराद कानी प्रौ।। रो बेटो आथुणी कानी जाट षीया रो बेरो दीषणाद कानी मारग वहै छै सो वेरो नीव सीव सुधो भेंट कीनो है सो सांष सावणु उनालु रा हासल आवसी सु महाराजा रे आवसी अपदत परद तजे लोपत वी संध राते नर नर का जीव ते जबल गांवद्र दीवा करासी।। 1856 रा मिती भादवा सुदि 2 .... ❑❑❑

अध्याय - 19

लोकसंस्कृति शोध संस्थान नगर-श्री, चूरू

चूरू नगर में स्थित लोक संस्कृति शोध संस्थान नगर श्री की स्थापना वर्ष 1964 में सुप्रसिद्ध इतिहासकार गोविंद अग्रवाल एवं उनके भाई सुबोध कुमार अग्रवाल ने रामनवमी के दिन की। उन्होंने अपने साधनों से सीकर, झुंझुनूं, चूरू, नागौर, बीकानेर, आदि जिलों की यात्राएं करके वहाँ के लोक जीवन से जुड़े विविध प्रसंगों को एकत्रित किया। वर्ष 1989-90 में संस्थान के लिए एक भवन क्रय किया गया तथा भवन में एक मंच का निर्माण करवाया गया। संग्रहालय को भी इसी भवन में स्थानांतरित कर दिया गया।

इस संस्थान में लगभग डेढ़ हजार छोटे-बड़े छायाचित्र लगे हुए हैं। जिनमें सार्वजनिक, धार्मिक एवं ऐतिहासिक स्थलों के साथ-साथ महापुरुषों, स्वतंत्रता सेनानियों, साहित्यकारों, लोक कलाकारों, विद्वानों आदि के विविध अवसरों पर लिए गए चित्र सम्मिलित हैं। ये चित्र शेखवाटी एवं बीकानेर क्षेत्र के लोकजीवन की सजीव झांकी प्रस्तुत करते हैं। संस्थान के संग्रहालय में

प्राचीन मूर्तियों, सिक्कों, ताड़पत्रीय प्रतियों, हस्तलिखित पुस्तकों, प्राचीन लेखा बहियों इत्यादि का दुर्लभ संग्रह किया गया है। शोध यात्राओं के दौरान भाड़ंग, कालीबंगा, रंगमहल, करोती, सोथी एवं पल्लू आदि के थेड़ों से प्राप्त हजारों वर्ष पुरानी पुरातात्विक सामग्री भी संगृहीत की गई है। यहाँ मुड़िया लिपि में लिखी गई अनेक पुरानी लेखा बहियों में मारवाड़ी व्यापारियों द्वारा डेढ़ सौ वर्ष पहले किए गए लाखों रुपयों के व्यावसायिक लेन-देन की प्रविष्टियां देखी जा सकती हैं। कई बहियां तो 15 किलो वजन की भी हैं।

संस्थान में पुरानी फारसी में लिखे हुए कुछ अभिलेख हैं जिनका हिन्दी रूपांतरण भी कराया गया है। ये दस्तावेज नाभा, पटियाला, जीन्द, कपूरथला, कश्मीर आदि रियासतों के शासकों तथा ईस्ट इण्डिया कम्पनी के अधिकारियों के बीच हुए पत्राचार से सम्बन्धित हैं। लोक संस्कृति शोध संस्थान- नगर-श्री चूरू में संग्रहालय के साथ-साध पुस्तकालय, प्रकाशन विभाग तथा शोध प्रभाग स्थापित किए गए हैं।

पोतेदार संग्रह के अभिलेख

चूरू के पोतेदार सेठों ने अठारहवीं शताब्दी ईस्वी में राजस्थान से बाहर अपना व्यापार फैलाने में सफलता प्राप्त की। इस परिवार के सेठ मिर्जामल ने बीकानेर नरेश सूरतसिंह (ई. 1787-1828) एवं महाराजा रत्नसिंह (ई.1828-51) के साथ घनिष्ठ सम्पर्क स्थापित किया। बीकानेर, खेतड़ी एवं सीकर के राजाओं एवं महाराजाओं के साथ पोतेदार सेठों का लेन-देन रहता था। यह संग्रह चूरू के लोक संस्कृति शोध संस्थान नगर - श्री में उपलब्ध है।

रियासती दस्तावेज

बीकानेर रियासत के साथ हुए पत्र व्यवहार एवं ऋणपत्र आदि

पोतेदार परिवार के संग्रह में बीकानेर रियासत एवं पोतेदार सेठों के बीच हुए पत्र व्यवहार एवं ऋणपत्र आदि उपलब्ध हैं। इनसे ज्ञात होता है कि बीकानेर रियासत ने पोतेदार सेठों से 500 रुपए से लेकर 4 लाख रुपए तक के ऋण कई बार लिए। ये ऋण अल्पकालीन एवं दीर्घकालीन दोनों प्रकार के थे। एक अभिलेख से ज्ञात होता है कि बीकानेर सरकार ने इस दस्तावेज के माध्यम से 350 रुपये प्रतिदिन के हिसाब से पूरे एक वर्ष के लिए 360 दिन हेतु 1,26,000 रुपए उधार लिए। ब्याज कटवा मिती से एक रुपया सैंकड़ा तय हुआ। इन दस्तावेजों से यह भी ज्ञात होता है कि ऋण का पुनर्भुगतान अवधि के पश्चात् रुपयों में नहीं होता था अपितु ऋणों की ब्याज सहित आपूर्ति हेतु राज्य की आय के कुछ स्रोत जिन्हें ठोड़ कहा जाता था, ऋणदाता को सौंप दिए जाते थे। इन ठोड़ों का उल्लेख ऋणपत्र में किया जाता था और ऋण के चुकता होने पर वे ठोड़ें ऋणदाता से पुनः प्राप्त कर ली जाती थीं।

ऋणदाता को प्रदत्त ठोड़ों के रुपये भर्ती करवाने हेतु उसकी ओर से जो आदमी नियुक्त किये जाते थे उनको कई बार राज्य की ओर से रोजगार अर्थात् वेतन एवं पेटिया अर्थात् पूरे

परिवार हेतु भोजन सामग्री दी जाती थी। ऋणदाता ऋणपत्र में स्पष्ट उल्लेख करता था कि उसने ऋण किन रुपयों में दिया है। यदि ऋण चुकाते समय अन्य प्रकार के रुपयों का उपयोग किया जाता था तो उसकी कीमत के अनुपात में बट्टा या बाधा जोड़ा या घटाया जाता था। पोतेदार संग्रह के दस्तावेजों से ज्ञात होता है कि उस समय बीकानेर क्षेत्र में गजशाही, सूरतशाही, डूंगरशाही, कलदार एवं 'दिल्ली चलन' आदि प्रकार के सिक्के प्रचलन में थे। सामान्यतः ऋण लेने वाला व्यक्ति शपथ पूर्वक लिखकर देता था कि वह ऋण का भुगतान ब्याज सहित करेगा। कई मामलों में तृतीय पक्ष की प्रतिभूति भी ली जाती थी। ऋण का भुगतान एक मुश्त होगा या किश्तों में, यह भी ऋणपत्र में स्पष्ट किया जाता था।

इस प्रकार इन अभिलेखों से उस काल की बैंकिंग तथा ऋणों के लेन-देन एवं पुनर्भुगतान के तरीकों की जानकारी होती है। साथ ही प्रत्याभूति, ब्याज, हुंडावन, आढ़त, दलाली, बट्टा, छूट, कसर, वेतन की दर आदि के सम्बन्ध में उपयोगी जानकारी होती है। विं.सं. 1884 भादों सुदि 5 के एक राजकीय अभिलेख से ज्ञात होता है कि मिर्जामल की मार्फत रहने वाले इमामबख्श को एक रुपया प्रतिदिन एवं उसके नीचे रहने वाले आठ सवारों को आठ आना प्रति सवार, प्रतिदिन मिलता था। मुंशी सेढू को दस रुपये मासिक एवं सिक्के को 5 रुपये मासिक मिलते थे। वेतन चुकाते समय एकादशी के दिनों का वेतन काट लिया जाता था। इसी तरह इन कागजों से व्यापारियों, श्रमिकों, कर्मचारियों, किसानों, जागीरदारों एवं जनसाधारण पर लगने वाले करों, पारस्परिक झगड़ों, चोरी, डकैती, अपहरण, आवास, निष्क्रमण, न्याय, उपहार, भेंट एवं दण्ड आदि विषयों की जानकारी मिलती है।

बीकानेर, सीकर, खेतड़ी के साथ-साथ पंजाब के राजाओं के साथ भी पोतेदार सेठों का लेन-देन एवं पत्र-व्यवहार था। महाराजा रणजीतसिंह (ई.1792-1801) के दरबार में सेठ मिर्जामल का आना-जाना था। महाराजा ने एक अवसर पर सेठ मिर्जामल को मोतियों का कीमती हार उपहार स्वरूप दिया था जिसका रंगीन चित्र, पोतेदार संग्रह में है। सेठ मिर्जामल के नाम लिखे गए महाराजा रणजीतसिंह के एक परवाने से ज्ञात होता है कि महाराजा ने मिर्जामल को अनेक वस्तुओं के साथ-साथ बीकानेर की लतीफ मिसरी का क्रय आदेश भी दिया था। इससे अनुमान लगाया जा सकता है कि बीकानेर की मिसरी की उस समय कितनी प्रसिद्धि थी।

नाभा नरेश देवेन्द्रसिंह के एक कागज से ज्ञात होता है कि मिर्जामल ने नाभा में एक व्यापारिक कोठी स्थापित की थी जिसमें नाभा राज्य की ओर से पचास हजार रुपये बिना ब्याज के लगाकर साझा किया गया था। इस प्रकार पंजाब के अन्य राजाओं एवं अनेक अंग्रेज अधिकारियों के पत्र भी इस संग्रह में उपलब्ध हैं जिनसे उस काल की अर्थव्यवस्था एवं बैंकिंग पद्धति को समझा जा सकता है।

पोतेदार संग्रह के राजकीय अभिलेखों पर विभिन्न प्रकार की मोहरें लगी हुई हैं। ये गोल, चौकोर, अण्डाकार, पहलूदार, साधारण, अलंकृत आदि प्रकार की हैं। ये मोहरें फारसी, हिन्दी, गुरुमुखी में हैं। महाराजा रणजीतसिंह की मोहरें आकार में छोटी हैं तथा उनमें गुरुमुखी में 'अकाल

सहाय रणजीतसिंह' लिखा हुआ है। महाराजा सूरतसिंह की मोहरें विविध प्रकार की हैं जिनमें से किसी किसी में मुगल बादशाह शाह आलम या अकबर शाह (द्वितीय) का नाम भी अंकित है। अंग्रेज पदाधिकारियों की मोहरें फारसी या हिन्दी एवं फारसी तथा हिन्दी में हैं।

उस काल में भारत के अनेक शहरों में पोतेदारों का कारोबार फैल रहा था। इन केन्द्रों से हिसाब के कागज पोतेदारों के मुख्यालय अर्थात् बीकानेर आते थे। ये कागज गोलाकार लपेटे हुए होते थे जिन्हें उतारे कहा जाता था। इनमें सम्बन्धित केन्द्र का हिसाब-किताब रहता था। इस संग्रह के अनेक उतारे बहुत लम्बे हैं। इनमें से एक उतारे की लम्बाई 41 फुट है। आयातित माल पर लगने वाले राजकीय कर आदि के भी बहुत से दस्तावेज हैं। इन दस्तावेजों से उस काल के व्यापारिक मार्गों का भी ज्ञान होता है क्योंकि आयतित माल पर कहाँ-कहाँ चुंगी अथवा राजकीय शुल्क चुकाया गया, उनका विवरण भी इन उतारों में लिखा गया है।

पोतेदार संग्रह में विभिन्न प्रकार की फर्मों की भी बहुत सी बहियां हैं जिनमें से अधिकांश बहियां मोटी एवं भारी हैं जिन पर चमड़े के पुट्ठे चढ़े हुए हैं। सबसे मोटी बही का भार 15 किलो 850 ग्राम है। यह जिंदाराम, मिर्जामल की चूरू की दुकान की 'रजनांवे' की बही है जो वि.सं.1897 से वि.सं.1948 तक की अवधि की है। एक दूसरी बही लेखापाड़ की है जो मिर्जामल मगनीराम की दिल्ली दुकान की है जो वैशाख सुदी 7 सं.1884 से प्रारम्भ होती है। इस बही में चतुर्भुज जिंदाराम का एक लम्बा खाता है जिसमें लगभग 16-17 लाख रुपयों की हुण्डियों का आदान-प्रदान हुआ। अधिकतर हुण्डियां मियादी हैं। उदाहरण के लिए अमृतसर की हुण्डियां 27 दिन की अवधि की हैं। इस बही से ज्ञात होता है कि उस काल में रकम का ब्याज फैलाते समय एक चौथाई आंक (Product) तक का हिसाब लगाया जाता था।

ब्रिटिश परवानों का अद्भुत संग्रह

ईस्ट इण्डिया कम्पनी ने ई.1817-18 में देशी रियासतों से अधीनस्थ सहयोग की संधियां कीं। कम्पनी के अधिकारियों को रियासतों में शांति स्थापित करने एवं व्यापार बढ़ाने में अत्यंत रुचि थी ताकि कम्पनी को कर एवं शुल्क आदि से आय मिलती रहे। अंग्रेज अधिकारी फ्रांसिस विल्डर ने देशी राज्यों में बसने वाले समृद्ध व्यापारियों को पत्र लिखकर अंग्रेजों के संरक्षण में अपना व्यापार बढ़ाने के लिए प्रोत्साहित किया। उसने व्यापारियों को हर प्रकार की सुविधा एवं सुरक्षा प्रदान की तथा उनकी अन्य समस्याओं को भी सुलझाने में रुचि दिखाई।

विल्डर ने देशी रियासतों में रहने वाले व्यापारियों को अपना माल अन्य स्थानों को ले जाने पर मार्ग में सुरक्षा देने तथा करों की दरों में कमी करने का काम किया। चूरू के पोतेदार एवं अभिलेख संग्रह में इस समय की बहुत सारी मूल सामग्री सुरक्षित है। इन पोतेदारों की दुकानें एवं व्यापारिक कोठियां अजमेर एवं मुम्बई आदि शहरों में थीं। अतः इस अभिलेख संग्रह में दुकानों की बहियां एवं राजकीय मोहर छाप शुदा सरकारी दस्तावेज उपलब्ध हैं जिनसे राजपूताना की तत्कालीन व्यापारिक स्थिति एवं अंग्रेजों की व्यापार नीति पर महत्त्वपूर्ण प्रकाश पड़ता है।

चूरू के पोतेदार संग्रह में राजस्थान के आर्थिक एवं व्यापारिक इतिहास से सम्बन्धित दस्तावेज संगृहीत हैं जिनमें 19वीं शताब्दी की अर्थ-व्यवस्था, बैंकिंग, वाणिज्य, व्यापार, आदि से सम्बन्धित प्रामाणिक तथ्य उपलब्ध हैं। इस संग्रह में आंतरिक एवं अंतर्राष्ट्रीय व्यापार सम्बन्धी विश्वसनीय साक्ष्य भी मिलते हैं जिनसे यह सिद्ध होता है कि वाणिज्य व्यापार बैंकिंग के क्षेत्र में राजस्थान के व्यापारी अग्रणी रहे हैं। यह महत्वपूर्ण संग्रह चूरू के पोतेदार सेठ चतुर्भुज, उसके पुत्र मिर्जामल एवं पौत्र जिंदाराम आदि से सम्बन्धित है। इस संग्रह के परवानों एवं अन्य दस्तावेजों से ज्ञात होता है कि पोतेदार चतुर्भुज, मिर्जामल एवं जिंदाराम 19वीं शताब्दी ईस्वी के ख्याति प्राप्त बैंकर तथा व्यापारी थे।

पोतेदार संग्रह में उपलब्ध प्रथम परवाना 22 जुलाई 1818 का है। इस पर फ्रांसिस विल्डर बहादुर के नाम की, फारसी एवं हिन्दी भाषा में, चौकोर मोहर लगी हुई है। मोहर के बाईं ओर अंग्रेजी में विल्डर के हस्ताक्षर एवं तिथि अंकित हैं। मूल कागज फारसी में चूरू के चतुर्भुज-जिंदाराम साहूकारान के नाम लिखा हुआ है जिसमें कहा गया है कि तुम लोग विश्वास के साथ अपनी-अपनी दुकानें अजमेर में लगाओ और माल आस-पास से मंगवाओ। हर हालत में तुम व्यापारियों की परवरिश सरकारवाला से की जायेगी। दूसरा परवाना 28 अप्रेल 1821 का है जिस पर फ्रांसिस विल्डर बहादुर की वैसी ही मोहर एवं हस्ताक्षर हैं। यह दस्तावेज फारसी लिपि, हिन्दी भाषा एवं शेखावाटी बोली में लिखा हुआ है जिसमें कहा गया है कि अब इलाका जोधपुर के हासिल का बंदोबस्त हो गया है जो नागौर के रास्ते शेखावाटी-पाली मार्ग पर चार रुपये चार आने के हिसाब से लगेगा। अतः अब अजमेर का भी उसी माफिक लगेगा। किसी से ज्यादा नहीं लिया जायेगा और न ही किसी को परेशान किया जायेगा। अतः पूरी जमाखातिरी से माल अजमेर के रास्ते ही लाओ।

तीसरे परवाने पर भी फ्रांसिस विल्डर की मोहर एवं हस्ताक्षर हैं। यह कागज भी फारसी एवं हिन्दी दोनों में लिखा गया है। इसमें कहा गया है कि तुम्हारी अर्जी आई, हाल मालूम हुआ। तुमने चैत बदी दो को हुजूर से मिलने के लिए रवाना होने की बात लिखी है तो ठीक है। तुम्हारी कोशिश एवं दौलतख्वाही से हुजूर को बड़ी खुशी हुई। तुम्हारे साथ के लिए दो सवार यहाँ से सुरक्षा हेतु भेजे जा रहे हैं सो इन सवारों के साथ जमा खातिरी से आ जाओ।

चौथा परवाना फ्रांसिस विल्डर की ओर से इज्जत आसार सेठ मिर्जामल के नाम तसल्लीनामा के रूप में 24 मई 1822 को लिखा गया है। इस पर भी वैसी ही मोहर एवं हस्ताक्षर हैं। इसमें कहा गया है कि तुम पूरी जमा खातिरी से अजमेर की मण्डी में दुकानें एवं कारखाने स्थापित कर व्यापार करो। यह बात छिपी नहीं है कि अधिकतर राजपूत सरदार कम्पनी अंग्रेज सरकार के खैरख्वाह बन चुके हैं। वे भी तुम्हें किसी प्रकार से कष्ट नहीं दे पायेंगे। तुम बड़ी खुशी से दुकानें खोलो, दिसावरों- पाली, मुम्बई, जैसलमेर, भावनगर, भिवानी आदि से माल अजमेर के रास्ते लाओ-ले जाओ। हासिल वगैरह सब नियमानुसार वसूल किया जायेगा, कोई ज्यादती नहीं होगी। तुम्हें किसी प्रकार का अन्देशा नहीं, चाहे जहाँ आना-जाना रखो। कोई भी

भोमिया या मकानदार तुम्हारे साथ अनुचित व्यवहार नहीं करेगा और कदाचित किसी की तरफ से तुम्हारे हक में ज्यादती होगी तो सरकार की ओर से तुम्हारी मदद की जायेगी तथा उससे बदला लिया जायेगा।

पांचवा परवाना 29 दिसम्बर 1822 का है। सेठ मिर्जामल हरभगत पोतेदार ने अजमेर में बसने के लिए 20 दिसम्बर 1822 को फ्रांसिस विल्डर के सामने 10 शर्तें रखी थीं, जिन्हें 29 दिसम्बर 1822 को फ्रांसिस विल्डर ने इस दस्तावेज के माध्यम से स्वीकृति प्रदान की। इससे ज्ञात होता है कि विल्डर हर प्रकार से व्यापारियों को संतुष्ट करके उन्हें अजमेर में बसाने का इच्छुक था।

छठे परवाने से ज्ञात होता है कि सुपरिण्टेण्डेण्ट विल्डर फ्रांसिस ने मोहनदास रामजीदास को अजमेर में बाग लगवाने के लिए 15 बीघा, 17 बिस्त्रा जमीन दी जिसमें उन लोगों ने बड़ा सुहावना बगीचा बनाया। बाद में गर्वनर जनरल की ओर से भी इसकी मंजूरी मिल गई। गवर्नर जनरल ने अजमेर के चौधरियों एवं अहलकारों आदि के नाम आदेश दिया कि सम्मानित मोहनराम और रामजीदास ने फ्रांसिस विल्डर साहब बहादुर की आज्ञानुसार उक्त शहर के पास के जमीन के हिस्से में जो खालसा सरकार दौलत मदार की आराजी है, 15 बीघा 17 बिस्वा में एक बेहतरीन बाग एक हिस्से में लगाया, तामीर और बड़े ढंग से बगीचे को तरतीब दी है। सिलसिले से बराबर मेवेदार फलदार दरख्त लगाए हैं। बहुत ही सुहावना बगीचा लगाया है और इस आराजी की सनद, पट्टा मिलने की बाबत बहुजूर नवाब गवर्नर जनरल साहब बहादुर की सेवा में अर्जी पेश की है। सरकार दौलतमदार की हमेशा दिली लगन, तवज्जही यही है कि सरकार वाला की जनता को फायदा हो और वह खुशहाल और सुखी रहे। तमाम मुमालिके मेहरुसा के मुताअल्लिक के शहर, कस्बे और देहात एवं खास तौर पर दारुल खैर अजमेर शहर के सरसब्जो-शाबाद हरे-भरे रहें और जिससे रौनक खुशहाली हो। बस इन्हीं खयालात से, कौंसिल की बैठक में बहुत ही मेहरबानी फरमा कर उक्त आराजी बख्श दी जाने बाबत आदेश प्रदान किया। तुम्हें चाहिये कि उक्त बाग में जिसकी जमीन 15 बीघा 17 बिस्वा की आराजी है, किसी भी प्रकार से उलझन न डालें, रोकथाम नहीं होवे। और उक्त दोनों व्यक्ति अपने आपको अपने वारिसों को पीढ़ी दर पीढ़ी असलन बाद नसल ऊपर लिखी आराजी पर गांव कुआं और तमाम वृक्षों आदि पर अपना कब्जा और हक बिना किसी की शिरकत के समझें और इस लिखे को पुख्ता मुसतनद सनद समझें और इस बख्शीश का शुक्रिया अदा करते रहें। दिनांक 11 मार्च 1825 ईस्वी, मुताबिक दिनांक 20 रजब सन् 1240 हिजरी को लिखी गई।

फ्रांसिस विल्डर की ओर से दिनांक 1 अक्टूबर 1819 को अंग्रेजी में लिखे गए दो कागज परिचय पत्र के रूप में मिले हैं। ये दोनों परिचय पत्र रमगढ़ के व्यापारी मिर्जामल को दिये गए हैं जो दिल्ली जा रहा था। इनमें से एक परिचय पत्र तो सर डेविड ऑक्टरलोनी के नाम लिखा गया है किंतु दूसरा किसके नाम लिखा गया है, यह स्पष्ट नहीं होता। इन परिचय पत्रों से ज्ञात

होता है कि मिर्जामल ने अजमेर में कई दुकानें खोली हैं और अजमेर की तात्कालिक समृद्धि में उसका बड़ा योग रहा है।

उन दिनों अजमेर में कारोबार करने वाला कोई व्यापारी जब बाहर जाता था तब कम्पनी सरकार की ओर से क्षेत्र के चौकीदारों को लिखित निर्देश दिये जाते थे कि वे उक्त व्यापारी के साथ किसी भी प्रकार का अनुचित व्यवहार न करें और उसे अपनी सीमा से सुरक्षित निकाल दें। इस आशय का एक पत्र, इस संग्रह में उपलब्ध है जिस पर फ्रांसिस विल्डर की मोहर, हस्ताक्षर एवं 10 जून 1822 की तिथि अंकित है। इस पत्र का सारांश इस प्रकार से है-

दस्तक राहदारी चौकीदारान एवं गुजरबानांन तमाम बंदोबस्त करने वाला रास्ता इलाका सरकार के नाम का जो मिर्जामल फोतेदार रामगढ़ का जिसकी एक कोठी तिजारती अजमेर की मण्डी में है। किसी काम के लिए जयपुर के रास्ते होकर दिल्ली जा रहा है और महीना आसोज में वहाँ से वापिस आएगा। तो चाहिये कि रास्ते में कोई किसी तरह से उनके साथ मुजाहिम गैर वाजिब नहीं करे और अपनी हद से अच्छी तरह पहुँचा देवे। उनके साथ आदमी 30, हथियार 15 एवं 8 घोड़े और ऊँट हैं।

ई.1824 के मध्य में जब मि. विल्डर का स्थानांतरण सौगोर तथा नर्बदा क्षेत्र में किया गया तब अजमेर तथा उसके चारों ओर भयानक अकाल पड़ा हुआ था। 16 दिसम्बर 1824 से 21 अप्रेल 1825 तक मूर के पास अजमेर के सुपरिण्टेण्डेण्ट के पद का कार्यभार रहा। पोतेदार संग्रह के दस्तावेजों से ज्ञात होता है कि ई.1831 में लेफ्टिनेंट अलेक्जैण्डर बर्नज ने इंग्लैण्ड के राजा की ओर से सिक्ख महाराजा रणजीतसिंह को घोड़े उपहार में भेजे थे जिन्हें सिंध नदी द्वारा नावों में लाहौर पहुंचाया गया। बर्नज की इस यात्रा का उद्देश्य सिंध नदी मार्ग की जानकारी प्राप्त करना एवं उस प्रदेश में अंग्रेजी प्रभाव के विस्तार की संभावनाओं का पता लगाना था।

पोतेदार संग्रह के एक पत्र से ज्ञात होता है कि ई.1832 में ब्रिटिश प्रतिनिधि कर्नल पोटिंजर ने सिंध के अमीरों के साथ एक व्यापारिक संधि की जिसके परिणामस्वरूप सिंध की नदियां एवं सड़कें भारत के व्यापारियों के लिए खोल दी गईं। सतलज नदी के माध्यम से इस मार्ग को जोड़ने के लिए महाराजा रणजीतसिंह के साथ संधि करना आवश्यक था किंतु महाराजा रणजीतसिंह इस संधि के दुष्परिणामों से परिचित था। इसलिए वह इस संधि के लिए इच्छुक नहीं था। इस पर गवर्नर जनरल ने लुधियाना के ब्रिटिश पॉलिटिकल एजेण्ट क्लॉड मार्टिन वेड को इस कार्य के लिए नियुक्त किया जो महाराजा को इस संधि पर हस्ताक्षर करने के लिए सहमत करे। संग्रह में उपलब्ध एक मूल पत्र से यह प्रमाणित होता है कि व्यापारिक मामलों में महाराजा रणजीतसिंह अपने राज्य के प्रमुख व्यापारियों की राय लेता था। इस संधि पर हस्ताक्षर करने से पहले उसने व्यापारियों की एक पंचायत बुलाकर उनकी राय ली।

पोतेदार संग्रह में लाहौर तथा भावलपुर दरबार में ब्रिटिश प्रतिनिधि के रूप में नियुक्त ब्रिटिश पॉलिटिकल एजेंट कप्तान क्लॉड मार्टिन बेड द्वारा अमृतसर के प्रमुख व्यापारियों के नाम

फारसी लिपि में लिखा गया एक पत्र उपलब्ध है। इस पत्र पर अष्टकोणीय फारसी मोहर अंकित है तथा क्लॉड के हस्ताक्षर अंग्रेजी में हैं। इस पत्र का हिन्दी अनुवाद इस प्रकार है-

हस्ताक्षर एवं मोहर

सम्मानित अमरतसर के बोहरियान खुश हों। इसलिए कि सरकार दौलतमदार कम्पनी अंग्रेज बहादुर तथा महाराजा साहब मुशफिक मेहरबान, करमफरमा महाराजा रणजीतसिंह बहादुर के बीच में कानूनन बकौली करार, दोनों सरकारों के दरया-ए-सिंध और सतलज के महसूल का मामला चल रहा है और यह निश्चित है कि उक्त महाराजा साहब ने बाहमी आपसी राय-मशवरे तथा भलाई के लिए अमरतसर के साहूकारों की पंचायत बुलाई है। आप लोग नामी, विश्वासी साहूकार लोग हैं। यहाँ से भी उस पंचायत में शरीक होने के लिए आप लोगों के नाम सम्मानित महाराजा साहब के पास भिजवा दिए हैं एवं यह मुनासिब है कि मशवरे के समय पहुंच जाएं और इस मामले में बगैर, सोच-विचार, छान-बीन करने के बाद ही निश्चित बात पर राय दें। तमाम भलाई-बुराई, जनता की भलाई, व्योपारियों की तरक्की तथा दोनों सरकारवाला की खुशहाली और नेकनामी इसी पर है। बहुत ही सोच-विचार कर निश्चित करें। फकत..........

दिनांक 25 दिसम्बर 1832

∞ ∞ ∞

पोतेदार संग्रह के कुछ पत्रों से ज्ञात होता है कि महाराजा रणजीतसिंह एवं ईस्ट इण्डिया कम्पनी के बीच व्यापारिक मार्गों को सुरक्षा प्रदान करने की संधि हो जाने के बाद भी राजस्थान के व्यापारियों की हिम्मत नहीं पड़ी कि वे अपने माल को अनजाने प्रदेशों में लेजाकर अपना व्यापार फैलाएं। इस पर अंग्रेज पॉलिटिकल एजेण्ट कप्तान वेड ने सेठ मिर्जामल एवं उनके परिवार के सदस्यों को एक पत्र लिखकर उनके माल की सुरक्षा के लिए आश्वस्त किया। इस पत्र से यह भी ज्ञात होता है कि देशी रियासतों में अपनी गतिविधियां विस्तारित करने के साथ ही अंग्रेज इस बात के लिए भी उत्सुक थे कि व्यापारिक गतिविधियों का भी विस्तार हो ताकि ईस्ट इण्डिया कम्पनी को कर एवं चुंगी आदि से अधिक आय मिल सके। यह पत्र काली स्याही से फारसी भाषा में लिखा गया है जिस पर कप्तान वेड की मोहर एवं हस्ताक्षर हैं। पत्र का हिन्दी अनुवाद इस प्रकार है-

हस्ताक्षर एवं मोहर

सेठ साहबान......... सम्मानित मिर्जामल सेठ, जगन्नाथ, हरसहायमल, रामरतन, फकीरचंद, केसरीसिंह......... आदि साहूकारान निवासी रामगढ़ और चूरू खुश रहें।

चूंकि इन दिनों में सरकारवाला ने इस बात पर अपनी पूरी तवज्जह देने का निश्चित इरादा कर लिया है कि सौदागरों, साहूकारों को लेन-देन में सुधीता हो और उन्हें काफी लाभ हो। इसी कारण बहुत सी तजवीजों पर सरकारवाला ने गौर किया और कर रही है। उनमें एक तजवीज दरया सतलज और दरया सिन्ध के बारे में है जिसके बारे में महाराजा रणजीतसिंह बहादुर के

मशवरे-राय से नियम बनाए जाकर दोनों सरकारवाला........... तमाम इलाकेदारों तथा जागीरदार लोगों से जो कि इन दरयाओं के किनारे बसते हैं, उन सबसे कौल-करार, अहदोपैमान कर लिखवा लिया जाए कि हर एक व्यक्ति अपने-अपने इलाकों का स्वयं बंदोबस्त करे। चोर-डाकुओं से, लुटेरों से रक्षा करने की पूरी जिम्मेदारी ली जाए। कोई भी बढ़कर, शरारत पेशा लोगों को अपने इलाके में पनाह नहीं दे। अगर मानो कभी किसी के इलाके में डाका पड़े या लूटमार हो तो बिना किसी हील-हवाले के चोरी, लूटमार का माल इस इलाके के मालिक से अदा कराया जाए, यानि उसकी सारी जिम्मेदारी लेन-देन की वह अपनी समझे। फकत..........

और हुजूरवाला की तवज्जह से चोरों तथा लुटेरों की बन्दिश होने पर दरिया कि किनारे के हिस्सों में तथा उधर भावलपुर व्योपारियों ने अपना मालोअसबाब तिजारत का उनमें भरवा कर हुजूरवाला के साथ कोट मथन और शिकारपुर ले गए तथा बहुत लाभ हुआ और उसके बाद फिर से किश्तियों को माल से भरवाकर मिस्टर सेक्सन साहब बहादुर के साथ रवाना हुई तथा रक्षा के लिए सरकार लाहौर की पलटन के सिपाही, मार्ग के सिपाहियों के साथ नियुक्त हुए कि पूरी हिफाजत के साथ अपनी मंजिल पर पहुंचा दें। फकत............

और दूसरी किश्तियां तैयार हैं जिनमें मालो-असबाब के लेन-देन का भी लाभ मिलने की आशा है। अब यह तमाम जिम्मेदारी मालोअसबाब की तुम साहूकारों, सौदागरों, व्योपारियों की हिम्मत पर ही है कि खरीदो फरोख्त के लायक माल व्योपार का उनमें भरवाकर, व्योपारियों से जो कोटमथन, मुम्बई आदि के हैं लेन-देन हेतु रवाना करें। फकत.............

तुम्हारे इस मालोअसबाब को सुरक्षित अपनी-अपनी जगह पहुंचाने की जिम्मेदारी, उनकी संभाल, देख-रेख सब हुजूरवाला पर है। अब आशा है कि आप लोग अपने-अपने गुमाश्तों को ताकीद कर दें कि किश्तियों को मालो-असबाब से जो व्योपार के लायक हों, भरवा दें ताकि उधर के व्योपारी लेन-देन कर सकें। किश्तियां भरवाने के बाद हुजूर को सूचना दें ताकि सिपाहियों को नियुक्त कर पूरी सावधानी देख-रेख से तुम्हारा मालो-असबाब अपनी-अपनी मंजिल पर सुरक्षित पहुंचा दें। फकत..............

और जो भी सौदागर इस बात पर तैयार होकर हिम्मत करके अपना मालोअसबाब किश्तियों में भरवाकर उधर के व्योपारियों के लिए रवाना करेगा, हुजूर और सम्मानित सरकारवाला से अपने समय के व्योपारियों में बहुत ही सम्मानित तथा आदरणीय होगा। फकत............

दिनांक 22, सन् 1834 ईस्वी।

∞ ∞ ∞

संग्रह के एक अन्य परवाने से ज्ञात होता है कि मिर्जामल ने लुधियाना से माल की एक बड़ी किश्ती भरकर अपने गुमाश्ते हलासीराम के साथ शाह बंदर की ओर रवाना की। किश्ती का प्रधान अधिकारी कादरबख्श था। इस परवाने पर पॉलिटिकल एजेंट कप्तान क्लॉड मार्टिन बेड, लाहौर दरबार के प्रतिनिधि किशनचंद एवं बहावलपुर दरबार के प्रतिनिधि हमीयतराय के हस्ताक्षर

एवं मोहरें हैं। तीनों राज्यों का महसूल एक मुश्त लिए जाने की सूचना भी इस परवाने में अंकित है। इस परवाने का हिन्दी अनुवाद इस प्रकार है-

हस्ताक्षर एवं मोहर

सब इलाकेदार लोग, थानेदार और रक्षक लोग जो दरया सिन्ध और सतलज के किनारे के मुल्कों- लुधियाना से लगायत शाहबंदर तक वाले जानें कि इस समय एक मंजिल किश्ती जिसके ऊपर कादरबख्श नाम का मल्लाह नियुक्त है, वह किश्ती मिर्जामल सेठ साहू के व्योपार के मालो-असबाब से, उसके गुमाश्ते हुलासीराम के नाम से मुकाम लुधियाने से ले जा रहा है। और उन नियमों पर सरकार वाला की सरकार से तय है- लाहौर, बहावलपुर और सिंध के रईसों के अनुभव जो उन्हें रास्तों का है, उन्हीं के निश्चित आधार पर सिन्ध और सतलज के दरयाइ रास्तों की तजवीज की गई है। और वाकई करारदाद दी गई है। उसके अनुसार ही उक्त गुमाश्ते ने नियमानुसार उक्त लदी हुई किश्ती का निम्नांकित महसूल सरकार के कारोबारियों से हुजूर की मार्फत सरकार दौलतमदार कम्पनी बहादुर से, सतलज और सिन्ध के दरयाई रास्तों के बंदोबस्त हेतु जो कस्बा लुधियाना से बराबर करने पर नियुक्त है, उन सब से अपनी-अपनी देख-रेख, बंदोबस्त की जिम्मेदारी लेकर इस परवाने के जरिए जिन पर मोहरें तथा हस्ताक्षर करके उधर के तमाम विश्वास पात्रों के पास भिजवाएं.......

चाहिए के इस परवाने को देखने के बाद कोई रास्ते में महसूल लेने तथा राहदारी के सिवाय जो कि नियमानुसार लेना तय हो गया है, और किसी प्रकार का नहीं लें, न किसी प्रकार की रोकथाम करें बल्कि अपने-अपनी हदों में बिना किसी ढिलाई, सुस्ती के सुरक्षित पहुंचा दें। जिस जगह की रात्रि के समय इनकी सफीना ठहरे वहाँ का इलाकादार वहाँ तत्काल ही रक्षा के हेतु चौकी तथा पहरा नियुक्त कर दे और स्वयं भी चौकस रह कर चौकसी दरया आदि की करें। फकत............

अगर उक्त गुमाश्ता रास्ते में लेन-देन करे और उक्त माल को किसी जगह बेचे या लेन-देन करे तो जिस जगह लेन-देन हो, वहाँ उस इलाकेदार को चाहिए कि वहाँ के नियमानुसार महसूल ले। इन सब आदेशों को लाजमी समझकर लिखे अनुसार बराबर इनका पालन करे। फकत...........

तफसील................

और हर चौकी पर के नियुक्त हैं। परवाने के अनुसार उन्हें दिखला कर लेन-देन की जाय.. ....।

23 मई, सन् 1835 ई.

इस समय एक मंजिल किश्ती जो मिर्जामल सेठ साहू के मालो-असबाब से भरी हुई है, लुधियाने से कोटमथन रवाना हुई है। लाजिम है कि थानेदारों, रक्षकों और सब घाट वालों में से हर एक सरकारवाला के आपसी सम्बन्ध और मित्रता के बन्धनों के पालनार्थ तथा इस परवाने के

अनुसार किसी भी प्रकार से उनकी बजा आवरी में कोताही, कमी और सुस्ती ने आने पाये। लिखे अनुसार बराबर पालन किया जाए। किश्ती का महसूल कानूनन लुधियाने में ही एक मुश्त ले लिया गया है। दिनांक 14 माह जेठ सं.1892

मोहर किशनचंद

मोहर और यह हस्ताक्षर–बन्दा दरगाह किशनचंद वकील हुजूर अकदस आला श्री महाराजा साहब महाराजाधिराज रणजीतसिंह बहादुर दाम इकबालहू–हाजिर बाश साहबवाला साहब कप्तान क्लॉड मार्टिन वेड साहब बहादुर पोलिटिकल एजेण्ट लुधियाना का। फकत...........

इस समय एक मंजिल किश्ती जो मिर्जामल सेठ साहू के मालो–असबाब से भरी हुई है, लुधियाने से कोट मथन रवाना हुई है। हर एक थानेदार, मार्ग रक्षक और सब घाटवाले सरकारवाला की आपसी दोस्ती और आपसी मित्रता के पालनार्थ दोनों सरकारों के बीच में निश्चित हुए हैं ओर जिनके आधार पर यह परवाना जारी हुआ है, जिसके लिखे अनुसार बराबर नियमों का पालन किया जाए। किसी प्रकार की ढिलाई, कमी नहीं आने पाए। किश्ती का महसूल कानूनन लुधियाने में ही एक मुश्त ले लिया गया है। फकत...........

लेख........... दिनांक 28 मुहर्रम, सन् 1251 हि.

मोहर हमीयतराय

मोहर और हस्ताक्षर–बन्दा हमीयतराय, वकील सरकार आली हजरत खान साहब नासिर रुकनुद्दौला नुसरतजंग मुखलिसुद्दौला हाफिजुल मुल्क, मुहम्मद भावलखां साहब अब्बासी बहादुर दाम इकबालहू........... हाजिर बाश खिदमत में............ साहब वाला शान कप्तान क्लॉड मार्टिन साहब बहादुर पॉलिटिकल एजेन्ट लुधियाना। फकत...........

∞ ∞ ∞

इसी संदर्भ में दो अन्य परवाने भी इस संग्रह में उपलब्ध हैं। इसमें से एक पर 'मैक्सन ब्रिटिश एजेण्ट फॉर दी नेवीगेशन ऑफ दि इण्डस' के हस्ताक्षर हैं एवं दूसरे पर हेनरी............. की मोहर एवं हस्ताक्षर हैं। दोनों परवानों के मुख्य पाठ एक जैसे हैं जो फारसी में लिखे गए हैं। इनमें एक परवाने का पाठ इस प्रकार है–

परवाना हस्ताक्षर कप्तान मेक्सन साहब बहादुर ब्रिटिश एजेण्ट, दरया ए सिन्ध और सतलज वाला। इस मजमून का कि...........

आलि, कारकुन, चौकीदार और सब हिफाजत रक्षा करने वाले लोग कोट मथन से लगायत जो ताअल्लुका दरया–ए–शीरीं के रास्ते से दरया–ए शैर के बन्दरगाहों तक जो अलग–अलग मुमालिक सिन्ध के हैं, उनको मालूम होना चाहिए कि इस समय जहाज, बनाम पीरबख्श, जिस पर 31 इकतीस पैमाने खरबार भरे हुए हैं और जिसका नाखुदा कादरबख्श्या के नाम वाला है, वह मुकाम लुधियाने से शिकारपुर की तरफ हुलासीराम किराये पर ले जा रहा है। रास्ते में मोहरी

(कर) आदि लेने में किसी प्रकार की रोकथाम न करें, चूंकि मुबालिग रकम मोहरी उनसे करादाद नियमानुसार जहाँ-जहाँ अदा कर दी जाएगी। अगर किराया करने वाला व्यक्ति रास्ते में कहीं जहाज से पसंद का सामान उतारे या बेचे-खरीदे और तिजारत कर फायदा उठावे तो उसे छूट है कि वह ऐसा बिना किसी रुकावट के कर सकता है। हां उसे महसूल आदि नियमानुसार चुकाना होगा। इस लिखित परवाने के अनुसार नियमों का पालन किया जाए।

दिनांक अगस्त 1835 ई. संवत-मुताबिक

हस्ताक्षर अंग्रेजी में

इसी प्रकार इस संग्रह में अनेक महत्वपूर्ण परवाने सुरक्षित हैं जिनसे उन्नीसवीं सदी के पूर्वार्द्ध में व्यापारिक गतिविधियों की जानकारी मिलती है। महाराजा रणजीतसिंह के साथ-साथ नाभा, पटियाला, जींद, नाहन (सिरमौर), जयपुर, बीकानेर, नागपुर आदि राजाओं, नवाबों एवं ब्रिटिश अधिकारियों के अनेक परवानों की मूल प्रतियां उपलबध हैं। इन परवानों पर ईस्ट इण्डिया कम्पनी की ओर से सर चार्ल्स थियोफिल्स मेटकाफ, सर डेविड ऑक्टरलोनी, जार्ज रसल क्लार्क, एडवर्ड कोलब्रुक, क्लॉड मार्टिन बेड, एच. एम. लॉरेंस, फ्रांसिस विल्डर, ट्रेवेलियन, हेनरी मिडलटन, एफ. मैक्सन आदि वरिष्ठ पॉलिटिकल अधिकारियों के हस्ताक्षर उपलब्ध हैं।

पोतेदार संग्रह के बाद की तिथियों के दस्तावेजों को देखकर सहज ही अनुमान लगाया जा सकता है कि पोतेदार सेठों का व्यापार उत्तर में काश्मीर से लेकर दक्षिण में मालवा तक एवं पूर्व में कलकत्ता से लेकर पश्चिम में मुल्तान तक फैल गया था। बम्बई स्थित उनकी फर्म जिंदाराम-मिर्जामल से इंग्लैण्ड को काश्मीरी शॉल, रेशम, जूट, कॉफी, चीनी, हाथीदांत, रुई, कछुए की खाल की ढालें, टिन, मसाले, बबूल का गोंद, दालचीनी, कालीमिर्च, तेजपत्ता, जायफल, सौंठ, दवाइयां, कपूर, सनाय, इलायची, हींग, गोंद, लोयबान आदि वस्तुओं का निर्यात करती थी। देशी रियासतों एवं ब्रिटिश शासित क्षेत्र अजमेर में निवास करने वाले अन्य अग्रवाल सेठों को भी अंग्रेजों की नीतियों के कारण व्यापार-व्यवसाय में बहुत लाभ हुआ था। पोतेदार संग्रह के दस्तावेजों से उस काल में विभिन्न वस्तुओं की मांग एवं आपूर्ति की स्थिति का भी ज्ञान होता है।

❑❑❑

अध्याय - 20

राजस्थान राज्य अपराध अभिलेख ब्यूरो

राजस्थान राज्य अपराध अभिलेख ब्यूरो की स्थापना 2 फरवरी 1980 को 'पुलिस कम्प्यूटर केन्द्र' के रूप में हुई। इस संस्था में विश्व का आधुनिकतम कम्प्यूटर स्थापित किया गया था ताकि राज्य के अपराध-अभिलेखों को सुरक्षित रखा जा सके। वर्ष 1986 में इसका नाम बदलकर 'राज्य अपराध अभिलेख ब्यूरो' कर दिया गया। अपराधों का विवरण रखने के लिए इस संस्था में नेशनल क्राइम रिकॉर्ड ब्यूरो द्वारा सुझाए गए आधुनिकतम एकीकृत प्रपत्र लागू किए गए ताकि राज्य अपराध ब्यूरो का डाटा पूरे देश में लागू एकीकृत प्रणाली से समानता रख सके। इस प्रणाली को अपनाने से अंतरराष्ट्रीय एवं राष्ट्रीय स्तर पर किसी भी राज्य की पुलिस अथवा अन्य अपराध शोध संस्था द्वारा, राज्य में हुए अपराधों अथवा राज्य से सम्बन्धित अपराधियों का विवरण मांगने पर तत्काल उसी प्रारूप में उपलब्ध कराना संभव हो गया जिस प्रारूप में विश्व भर की अपराध अन्वेषण संस्थाएं डाटा रखती हैं।

राज्य अपराध ब्यूरो में चार प्रमुख शाखाएं हैं-

(1.) कम्प्यूटर अनुभाग,
(2.) डाटा संकलन अनुभाग,
(3.) फिंगर प्रिंट अनुभाग,
(4.) कार्य प्रणाली अनुभाग।

कम्प्यूटर अनुभाग, राज्य अपराध ब्यूरो की महत्वपूर्ण शाखा है। इस शाखा के मुख्य कार्यों में बदलते हुए समय के अनुसार नए सॉफ्टवेयर सिस्टम तथा प्रोग्राम तैयार करना, उन्हें राज्य में लागू करना, पुराने डाटा को समय-समय पर अपडेट करना, चाही गई सूचना को तीव्र गति से कम्प्यूटर से प्राप्त करके सम्बन्धित संस्था को उपलब्ध कराना आदि सम्मिलित हैं। कम्प्यूटर में अपराध, अपराधियों और उनकी कार्य प्रणाली, गिरफ्तारी, वांछित गुमशुदा, भगोड़े, अपहरण, अज्ञात

शव, चोरी गए सामान, जब्त सामान, बरामद वाहन, जब्त वाहन, हथियार आदि की सूचनाएं एवं अपराधियों के फिंगर प्रिण्ट रखे जाते हैं।

क्राइम-क्रिमिनल सूचना प्रणाली के द्वारा अपराध एवं अपराधियों की कार्य प्रणाली से सम्बन्धित डाटा रखा जाता है। इस अभिलेखागार में कई लाख अपराधियों की सूचनाएं उपलब्ध हैं। प्रोपर्टी रिकवरी सिस्टम के द्वारा प्राप्त गुमशुदा वाहन, हथियार, आदि का डाटा रखा जाता है एवं विभिन्न स्रोतों से प्राप्त सूचनाओं से मिलान करके उन्हें सम्बन्धित पुलिस थाने को उपलब्ध कराया जाता है। तलाश प्रणाली के अंतर्गत वांछित एवं गिरफ्तार अपराधियों के साथ-साथ भगोड़े, गुमशुदा, अपहृत, अज्ञात शव आदि का विवरण रखा जाता है। कम्प्यूटर के 40 डिजिट सिस्टम में फिंगर-प्रिंट का कोडिफाइड डाटा फीड किया जाता है जिससे फिंगर-प्रिंट सम्बन्धी इन्क्वायरी का तत्काल जवाब दिया जा सकता है। एकीकृत इनपुट डाट एण्ट्री में पुराने रिकॉर्ड को भी आधुनिक प्रारूप में जमाया गया है तथा उन्हें ब्यूरो में उपलब्ध क्राइम-क्रिमिनल की मास्टर फाइलों में अपडेट करवाया गया है।

इस प्रकार राजस्थान पुलिस विभाग का यह अभिलेखागार संसार भर में अनूठा है। आने वाली शताब्दियों में इस अभिलेख का उपयोग, राज्य के इतिहास को नए सिरे से लिखने में हो सकेगा।

❑❑❑

संदर्भ सूचि

शोधपत्र

- **अग्रवाल, गोविंद** : आधुनिक राजस्थान के आर्थिक इतिहास का नवीन स्रोत : एक निजी अज्ञात संग्रह, राजस्थान हिस्ट्री कांग्रेस प्रोसीडिंग्स, कोटा सत्र, 1976.
- **अग्रवाल, गोविंद** : अजमेर सम्बन्धी कुछ नवीन साक्ष्य, राजस्थान हिस्ट्री कांग्रेस प्रोसीडिंग्स, चौपासनी (जोधपुर) 1979.
- **अग्रवाल, गोविंद** : पोतेदार संग्रह से उन्नीसवीं सदी के व्यापार सम्बन्धी कुछ महत्वपूर्ण साक्ष्य, राजस्थान हिस्ट्री कांग्रेस प्रोसीडिंग्स, जयपुर, 1979.
- **ओझा, जे .के. (डॉ.)** : 19वीं शताब्दी की आर्थिक जानकारियों का स्रोत कानोड़-ठिकाना की पट्टाबही, राजस्थान हिस्ट्री कांग्रेस प्रोसीडिंग्स, उदयपुर सत्र, 2005.
- **गुप्ता, के. एस. (डॉ.)** : 1857 की क्रांति सम्बन्धित बनेड़ा संग्रहालयए राजस्थान हिस्ट्री कांग्रेस प्रोसीडिंग्स, ब्यावर सत्र, 1973.
- **परमार, ब्रजमोहन सिंह** : राजस्थान के संग्रहालयों में जहांगीर के राशिबोधक सिक्के, राजस्थान हिस्ट्री कांग्रेस प्रोसीडिंग्स, अजमेर सत्र, 1972.
- **भाटी, विक्रम सिंह (डॉ.)** : कतिपय अलभ्य दस्तावेज (जोधपुर के संदर्भ में), राजस्थान हिस्ट्री कांग्रेस प्रोसीडिंग्स, जोधपुर 2009.
- **महोबिया, कुमकुम** : भैय्या संग्रह का ऐतिहासिक महत्व, राजस्थान हिस्ट्री कांग्रेस प्रोसीडिंग्स, पाली सत्र, 1975.
- **माथुर, घनश्यामलाल** : पंचोली अमलचंद सम्बन्धी 18वी शताब्दी के कुछ निजी प्रलेख, राजस्थान हिस्ट्री कांग्रेस प्रोसीडिंग्स, ब्यावर सत्र, 1973.
- **माथुर, घनश्यामलाल** : बंशीलाल कानूनगो संग्रह में सन् 1857 की गतिविधियां, राजस्थान हिस्ट्री कांग्रेस प्रोसीडिंग्स, अजमेर सत्र, 1975.
- **माथुर, दुर्गालाल** : राजस्थान के इतिहास निर्माण में जैन गन्थ संग्रहालयों का महत्व, राजस्थान हिस्ट्री कांग्रेस प्रोसीडिंग्स, जयपुर सत्र, 1968.
- **रस्तोगी, साधना (डॉ.)** : जोधपुर के राजा मानसिंह से सम्बन्धित कतिपय पत्र, राजस्थान हिस्ट्री कांग्रेस प्रोसीडिंग्स, जयपुर, सत्र 1979.

- **राठौड़, मोहब्बतसिंह (डॉ.) :** ठिकाना कोशीथल (मेवाड़) के दस्तावेजों का ऐतिहासिक महत्व, राजस्थान हिस्ट्री कांग्रेस प्रोसीडिंग्स, चौपासनी सत्र, 2001.
- **व्यास, श्यामप्रसाद (डॉ.) :** जोधपुर के वालकृष्णलाल की हवेली के अप्रकाशित ताम्रपत्र, राजस्थान हिस्ट्री कांग्रेस प्रोसीडिंग्स, उदयपुर सत्र, 2005.
- **शर्मा, गिरजाशंकर :** बहियात हिसाब दफ्तर-बीकानेर, राजस्थान हिस्ट्री कांग्रेस प्रोसीडिंग्स, ब्यावर सत्र, 1973.
- **शर्मा, वसुमती (डॉ.) :** प्राच्य विद्या संस्थानों में विभिन्न विषयक पोथी चित्र, राजस्थान हिस्ट्री कांग्रेस प्रोसीडिंग्स, चौपासनी सत्र, 2001.
- **शर्मा, वसुमती (डॉ.) एवं सांखला, कमल किशोर (डॉ.);** ऐतिहासिक परिप्रेक्ष्य में आयुर्वेद चिकित्सा पद्धति : अश्व एवं गजायुर्वेद के विशेष संदर्भ में, राजस्थान हिस्ट्री कांग्रेस प्रोसीडिंग्स, जोधपुर 2009.
- **सक्सेना, हरीश मोहन :** उनियारा के पुरालेखों का ऐतिहासिक महत्व, राजस्थान हिस्ट्री कांग्रेस प्रोसीडिंग्स, चौपासनी (जोधपुर) 1979.

साक्षात्कार

- **डॉ. मोहब्बत सिंह राठौड़,** निदेशक, प्रताप शोध प्रतिष्ठान, उदयपुर।
- **डॉ. कृष्ण पाल सिंह,** प्रोफेसर, जनार्दनराय नागर विद्यापीठ विश्वविद्यालय उदयपुर।
- **डॉ. मयंक गुप्ता :** डिप्टी सैक्रेटरी (डिवलपमेंट), महाराणा ऑफ मेवाड़ चेरिटेबल फाउण्डेशन, उदयपुर।
- **डॉ. महेन्द्र खड़गावत :** निदेशक, राजस्थान अभिलेखागार, बीकानेर।
- **श्री शिशिर चतुर्वेदी :** अतिरिक्त निदेशक, ऑफिसर्स ट्रेनिंग स्कूल, राजस्थान सरकार, बीकानेर।
- **डॉ. विनीत गोधल :** राजस्थान पुरातत्व एवं संग्रहालय विभाग, उदयपुर।

पत्र/पत्रिकाएं

- राजस्थान सुजस, सूचना एवं जनसम्पर्क विभाग, राजस्थान सरकार, जयपुर।
- मज्झमिका, राजस्थान के ठिकानों एवं घरानों की पुरालेखीय सामग्री, प्रताप शोध प्रतिष्ठान, भूपाल नोबल्स संस्थान, उदयपुर।
- वैचारिकी, द्वैमासिक शोध पत्रिका, भारतीय विद्या मंदिर, कोलकाता।
- परम्परा, चौपासनी शोध संस्थान, जोधपुर।

प्रकाशित हिन्दी ग्रंथ

- **आशुतोष गुप्त (प्रधान सम्पादक), डॉ. अमरसिंह राठौड़ (सम्पादक) :** राजस्थान सुजस संचय, सूचना एवं जनसम्पर्क निदेशालय, राजस्थान, जयपुर, 1998, मूल्य 300.00
- **प्रो. के. एस. गुप्त :** आर्थिक एवं सांस्कृतिक इतिहास के कतिपय पहलू बनेड़ा दस्तावेज (1759-1777), प्रताप शोध प्रतिष्ठान, भूपाल नोबल्स संस्थान, उदयपुर, मूल्य 15.00
- **डॉ. जमनेश कुमार ओझा (सम्पादक) :** कानोड़ ठिकाने के अभिलेख (18वीं शताब्दी), प्रताप शोध प्रतिष्ठान, भूपाल नोबल्स संस्थान, उदयपुर, मूल्य 15.00
- **डॉ. मोहनलाल गुप्ता :** राजस्थान का जिलेवार सांस्कृतिक एवं ऐतिहासिक अध्ययन (दो खण्ड), वर्ष 2009.
- **विजय कुमार वशिष्ठ :** राजस्थान के अभिलेखागारीय एवं निजी स्रोत, राजस्थान अध्ययन केन्द्र जयपुर, वर्ष 2014.
- **डॉ. हुकुमसिंह भाटी :** मेवाड़ ठिकानों के अभिलेख, बनेड़ा, भींडर, सरदारगढ़, गोगूंदा, कानोड़, प्रताप शोध प्रतिष्ठान, भूपाल नोबल्स संस्थान, उदयपुर, प्रथम संस्करण 1964, मूल्य 180.00

Published English Books

- Chandra Mani Singh (Ed.), Treasures Of The Albert Jall Museum Jaipur, Department of Archaeology and Museums, Rs. 1295.
- Chandra Mani Singh (Ed.), Museums Of Rajasthan, Jawahar Kala Kendra, Jaipur, Year 2009.
- Sharma, V.N.; Jantar Mantar, Department of Art, Literature & Culture, Government Of Rajasthan, Jaipur, Rs. 200.00, Year 2008.
- Abdul Lateef Usta, Arabic Persian Research Institute, Tonk, Department of Art, Literature & Culture, Government Of Rajasthan, Jaipur, Rs. 200.00, Year 2008.
- P. L. Chakravarti and Dharmendra Kanwar, Alwar Museum, Department of Art, Literature & Culture, Government Of Rajasthan, Jaipur, Rs. 250.00, Year 2008.
- Chandra Mani Singh and Sumahendra, Alwar Museum, Department of Art, Literature & Culture, Government Of Rajasthan, Jaipur, Rs. 250.00, Year 2008.

❑❑❑

डॉ. मोहनलाल गुप्ता - ग्रंथ सूची

मुद्रित ग्रंथ

कहानी संग्रह

1. शेषयात्रा, वर्ष 1986.
2. प्रतिनिधि कहानियाँ, वर्ष 1990.
3. देखे हुए दिन, वर्ष 1995.
4. एक प्लेनेट की मौत, वर्ष 2003.
5. घर चलो माँ, वर्ष 2009.

ऐतिहासिक उपन्यास

1. संघर्ष, वर्ष 2003.
2. चित्रकूट का चातक, वर्ष 2005.
3. पासवान गुलाबराय, वर्ष 2010.
4. भगवान कल्याणराय के आँसू और महाराजा रूपसिंह राठौड़, वर्ष 2018.

व्यंग्य संग्रह

1. एक उल्लू का सांस्कृतिक चिंतन, वर्ष 1995.
2. सब काहू से बैर, वर्ष 2004.

नाटक संग्रह

1. सपनों का राजकुमार एवं अन्य नाटक, वर्ष 2002.

हिन्दी गजल संग्रह

1. अभी तो चलो यहाँ से, वर्ष 1995.

भारत का इतिहास

1. प्राचीन भारत का इतिहास, वर्ष 2013, 2016.
2. मध्यकालीन भारत का इतिहास, वर्ष 2013.
3. आधुनिक भारत का इतिहास, वर्ष 2013.
4. भारत में साम्प्रदायिकता की समस्या एवं हिन्दू प्रतिरोध का इतिहास, वर्ष 2018.
5. भारत में मुगलकालीन प्रमुख भवन, वर्ष 2019.

6. भारतीय सभ्यता एवं संस्कृति का इतिहास, (प्रेस में).

विश्व इतिहास

1. हिन्दुत्व की छाया में इण्डोनेशिया, वर्ष 2017.
2. कैसे बना था पाकिस्तान (प्रेस में).
3. How Did Pakistan Emerge? (Under Publication)-

इतिहास पुरुष

1. युग पुरुष भैंरोसिंह शेखावत, वर्ष 2012.
2. क्रांतिकारी केसरीसिंह बारहठ, वर्ष 2013.
3. युग निर्माता महाराजा सूरजमल, वर्ष 2014.
4. युग निर्माता सवाई जयसिंह, वर्ष 2014.
5. युग निर्माता राव जोधा, वर्ष 2014.
6. सरदार वल्लभभाई पटेल, वर्ष 2015.
7. हल्दीघाटी का युद्ध और महाराणा प्रताप, वर्ष 2015.
8. छत्रपति शिवाजी (प्रेस में).

राजस्थान का इतिहास

1. जालोर का राजनीतिक एवं सांस्कृतिक इतिहास, वर्ष 1995.
2. नागौर का राजनीतिक एवं सांस्कृतिक इतिहास, वर्ष 1999.
3. राजस्थान का जिलेवार सांस्कृतिक एवं ऐतिहासिक अध्ययन (दो खण्ड), वर्ष 2004, 2009.
4. अजमेर संभाग का जिलेवार सांस्कृतिक एवं ऐतिहासिक अध्ययन, वर्ष 2004, 2007, 2011.
5. जोधपुर संभाग का जिलेवार सांस्कृतिक एवं ऐतिहासिक अध्ययन, वर्ष 2004, 2007, 2009, 2010, 2011, 2013, 2019.
6. कोटा संभाग का जिलेवार सांस्कृतिक एवं ऐतिहासिक अध्ययन, वर्ष 2004, 2009, 2012, 2017.
7. बीकानेर संभाग का जिलेवार सांस्कृतिक एवं ऐतिहासिक अध्ययन, वर्ष 2004, 2009, 2011.
8. भरतपुर संभाग का जिलेवार सांस्कृतिक एवं ऐतिहासिक अध्ययन, वर्ष 2006, 2007, 2011, 2017.

9. जयपुर संभाग का जिलेवार सांस्कृतिक एवं ऐतिहासिक अध्ययन, वर्ष 2004, 2009, 2010, 2016.
10. उदयपुर संभाग का जिलेवार सांस्कृतिक एवं ऐतिहासिक अध्ययन, 2004, 2009, 2011, 2013, 2016.
11. ब्रिटिश शासन में राजपूताने की रोचक एवं ऐतिहासिक घटनाएँ, वर्ष 2009, 2018.
12. अजमेर का वृहत् इतिहास, वर्ष 2012.
13. राष्ट्रीय राजनीति में मेवाड़ का योगदान, वर्ष 2016.
14. राजस्थान के ऐतिहासिक दुर्ग, वर्ष 2017.
15. राजपूताना के सक्षम राज्यों का भारतसंघ में विलय एवं राजस्थान में एकीकरण, 2018.
16. किशनगढ़ राज्य का इतिहास, वर्ष 2018.
17. राजशाही का अंत, वर्ष 2018.
18. राजस्थान के प्रमुख संग्रहालय, वर्ष 2019.
19. राजस्थान के प्रमुख अभिलेखागार, वर्ष 2019.

पर्यटन

1. दर्शनीय जालोर, वर्ष 1997.
2. DISCOVER JODHPUR, Year 1998.
3. दर्शनीय जोधपुर, वर्ष 1999.
4. दर्शनीय जयपुर, वर्ष 2000.
5. सूर्यनगरी जोधपुर (संक्षिप्त), वर्ष 2001.
6. सूर्यनगरी जोधपुर, वर्ष 2015.
7. Cultural Tourism In Marwar, Year 2018.
8. राजस्थान में पर्यटन स्थलों का प्रबंधन तथा लोककलाओं का संरक्षण, वर्ष 2018.

राजस्थान से सम्बंधित अन्य ग्रंथ

1. अकाल का महादानव एवं छटपटाता राजस्थान (निबंध), वर्ष 1986.
2. राजस्थान सूचना सार, वर्ष 2000 तथा 2003.
3. राजस्थान ज्ञान कोश, वर्ष 2006 से 2016 तक तेरह संस्करण प्रकाशित।
4. राजस्थान में वन एवं वन्य जीवन, वर्ष 2011.
5. राजस्थान की जनगणना 2011 एवं उसके संदर्भ, मई 2011, जुलाई 2011, अक्टूबर 2011, मार्च 2012, पांचवा संस्करण जनवरी 2015.
6. राजस्थान रत्न 2012, वर्ष 2012.

7. राजस्थान की पर्यावरणीय संस्कृति , वर्ष 2015.
8. राजस्थान की आरक्षित जातियां, वर्ष 2015.

लघु पुस्तिकाएं

1. काठ का कबूतर, वर्ष 2002.
2. मृत्युंजय, वर्ष 2003.
3. टीटू की बहू, वर्ष 2004.
4. चित्रकूट का राही, वर्ष 2005.
5. बुढ़िया का चश्मा, वर्ष 2006.
6. अश्वत्थामा के आंसू, वर्ष 2007.
7. जोगियों का टीला, वर्ष 2009.
8. जंगल की कहानियां, वर्ष 2010.

अन्य भाषाओं में अनुवाद

1. कहानी संग्रह 'सांझधून' का मराठी भाषा में अनुवाद प्रकाशित, वर्ष 2002 एवं 2009.
2. उपन्यास 'संघर्ष' का मराठी भाषा में अनुवाद प्रकाशित वर्ष 2007 एवं 2013.
3. कहानी संग्रह 'त्रिधारा' का मराठी भाषा में अनुवाद प्रकाशित, वर्ष 2007.
4. इये साहित्यिचिये नगरी, अन्य लेखकों के साथ कहानियां, वर्ष 2010.
5. थेंब-थेंब सागर, अन्य लेखकों के साथ लघुकथाएं, वर्ष 2013.
6. विविधा, अन्य लेखकों के साथ कहानियां, वर्ष 2018.

सम्पादित पुस्तकें

1. नागौर जिले के 53 लेखकों के जीवन परिचय सहित उनकी साहित्यिक रचनाओं का संकलन 'अंचलांकुर', वर्ष 2001.
2. राजस्थान के 700 लेखकों के जीवन परिचय पर आधारित ग्रंथ 'राजस्थान शताब्दी ग्रंथ-राजस्थान लेखक परिचय कोश', वर्ष 2002.
3. स्वर्गीय देवदत्त व्यास का कविता संग्रह 'बीते दिन मत याद दिलाओ', वर्ष 2004.
4. विभिन्न क्षेत्रों में विशिष्ट कार्य करने वाले 101 राजस्थानियों के जीवन परिचय पर आधारित पुस्तक-कर्मयोगी राजस्थानी।

ऐतिहासिक धारावाहिक

1. गोरा हट जा (ऐतिहासिक धारावाहिक, दैनिक नवज्योति में 100 कड़ियां प्रकाशित)
2. राजशाही का अंत (ऐतिहासिक धारावाहिक, दैनिक नवज्योति में 20 कड़ियां)
3. लड़ के लिया पाकिस्तान (ऐतिहासिक धारावाहिक, दैनिक नवज्योति में 20 कड़ियां)।
4. महाराजा हनवंतसिंह, (दैनिक नवज्योति में 13 कड़ियां प्रकाशित)
5. घण घलिया घमसान (ऐतिहासिक धारावाहिक, दैनिक नवज्योति में 100 कड़ियां)

सम्पादित पत्र/पत्रिकाएं

1. श्री गंगानगर क्षेत्रीय ग्रामीण बैंक श्रीगंगानगर की तकनीकी गृह पत्रिका 'ग्रामिकी' की स्थापना एवं सम्पादन (वर्ष 1985 से 1989)।
2. जालोर जिले के सम्पूर्ण साक्षरता अभियान के मुखपत्र 'जालोर साक्षरता समाचार' की स्थापना एवं सम्पादन (वर्ष 1995 से 1997)।
3. नागौर जिले के साक्षरता अभियान पत्र 'आखर चानणा' के सम्पादक मण्डल में (वर्ष 1997 से 2001 तक)।
4. जोधपुर विद्युत वितरण निगम के हाउस जर्नल 'विद्युत वितरण संदेश' की स्थापना एवं सम्पादन (वर्ष 2001 से वर्ष 2010 तक)।
5. महिला शिक्षण विहार जालोर की पत्रिका '**उड़ान**' का सम्पादन वर्ष 1998 से 2002.
6. बाड़मेर जिला प्रशासन की गृहपत्रिका '**बाड़मेर इन दिनों**' की स्थापना एवं सम्पादन, वर्ष 2007.

शोधकार्य

1. राजस्थान के आधुनिक इतिहास पर डॉक्टरेट डिग्री के लिए 'राजपूताने के सक्षम राज्य : भारतीय संघ में विलय एवं एकीकरण (1930-50)' विषय पर शोधग्रंथ।
2. कई राष्ट्रीय सेमीनारों में इतिहास विषयक शोधपत्र प्रस्तुत।

मुद्रित पुस्तकों की ई-बुक्स

लगभग 150 ई-बुक्स विश्व भर के इलेक्ट्रोनिक प्लेटफॉर्म्स- राजस्थान हिस्ट्री डॉट कॉम, गूगल प्ले बुक्स, अमेजॉन, डेली हण्ट तथा राजस्थान हिस्ट्री गूगल एप पर उपलब्ध।

लेखक को प्राप्त प्रमुख पुरस्कारों की सूची

1. पब्लिक रिलेशंस सोसाइटी ऑफ इण्डिया (जयपुर चैप्टर) द्वारा अवार्ड ऑफ एक्सीलेंस, 2013.
2. भारतीय लोक प्रशासन संस्थान (जोधपुर चैप्टर) द्वारा जोधपुर गौरव अलंकरण 2011.
3. महाराणा मेवाड़ फाउण्डेशन द्वारा वर्ष 2009 के लिए साहित्य के क्षेत्र में स्थाई प्रकृति के अवदान के लिए महाराणा कुंभा सम्मान।
4. मरूधरा पत्रकार संघ द्वारा फादर यूसुफ हुसैन सूचना एवं जनसम्पर्क सम्मान, वर्ष 2009.
5. जवाहर कला केंद्र जयपुर द्वारा नाटक 'चित्रकूट का राही' के लिए वरिष्ठ वर्ग में सर्वश्रेष्ठ लघु नाटक पुरस्कार, वर्ष 2003.
6. मारवाड़ी सम्मेलन मुंबई द्वारा ऐतिहासिक उपन्यास 'संघर्ष पर 'वर्ष 2002 के लिए 11 हजार रुपये का घनश्यामदास सराफ पुरस्कार।
7. गोपाल लाल पुरोहित शिक्षण संस्थान मेड़तासिटी द्वारा वर्ष 2002 का सर्वश्रेष्ठ हिन्दी पुरस्कार।
8. सिटिजन्स सोसायटी फॉर एज्यूकेशन, जोधपुर द्वारा वर्ष 2002 के लिए कहानी संग्रह एक प्लेनेट की मौत को प्रोफेसर प्रेमशंकर श्रीवास्तव श्रेष्ठ साहित्यिक सृजन पुरस्कार।
9. जलतेदीप जोधपुर द्वारा माणक अलंकरण के तहत राजस्थान में श्रेष्ठ जनसम्पर्क सेवाओं के लिए विशिष्ट जनसम्पर्ककर्मी पुरस्कार, वर्ष 2002.
10. भारतवर्ष में हिन्दी भाषा के विकास एवं सम्बंधित कार्यक्रमों के सुदृढ़ीकरण में सफल योगदान हेतु अन्तर्राष्ट्रीय विश्व शांति प्रबोधक महासंघ (संयुक्त राष्ट्र संघ के यूनेस्को, यूनीसेफ, यू. एन. डी. पी. एवं इकोसोक से सम्बद्ध) के शासी एवं शैक्षिक परिषद की ओर से सहस्राब्दी विश्व हिन्दी सम्मेलन में 'राष्ट्रीय हिन्दी सेवी सम्मान' 2000.
11. दैनिक नवज्योति अजमेर द्वारा नवज्योति कथा सम्मान, वर्ष 1998.
12. भीलवाड़ा एवं नागौर की साहित्यिक संस्था अंकुर द्वारा अंकुर साहित्यकार सम्मान, वर्ष 1998.

E-Plateforms

Website : www.rajasthanhistory.com

Google App : Rajasthanhistory By Shubhda Prakashan

Amazon : www.amazon.in

Google Play Boos : https://books.google.co.in

Youtube Channel : Glimpse of Indian history by Dr. Mohanlal Gupta

* * *